道天論・窮通寶鑑基礎及應用（一）

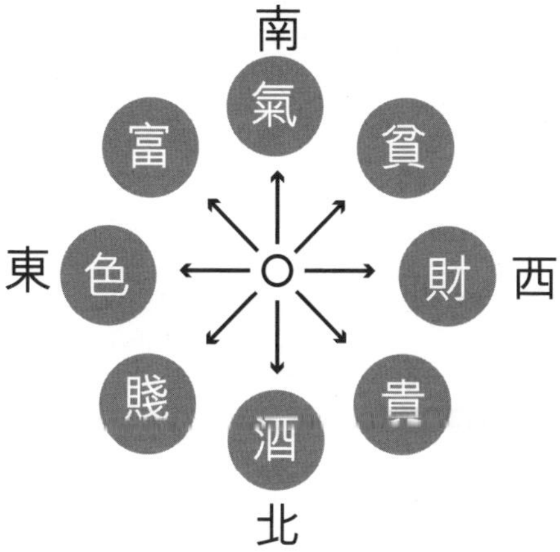

作者：孔麒淦

目錄

《窮通寶鑑》簡介

《窮通寶鑑》，原名《欄江網》，為命理四大名著之一。此書本為江湖流傳之秘籍，由清代余春台整理而成，因書中命例多為明朝之人，估計此書於明代寫成。因此書流傳已久，原文可能有錯漏，本人以書中之前文後理、以及整本書所寫之判斷命理原則，理解及解釋此書，希望讀者能清晰明白。

《窮通寶鑑》以不同日元配出生月份，為日元調候用藥作用神，以此作基本及論命。

自序

這是本人的第二本著作，第一本是兩年前的《道天論•風水斷事篇》，兩年已過，本人希望除了風水外，也跟大家分享自己在命理上之所得。

還記得有一客戶來找我看八字及流年，他問我有沒有兩個人的命運及遭遇是一模一樣的。我說沒有，就算有兩個人的八字一模一樣，他們的命運遭遇也不會一樣，為什麼呢？

八字在坊間以年柱、月柱、日柱、時為基本，四柱時空密碼推算法則，這是基於每個時辰都有一百二十分鐘，如能加以分推，就得每一天干所對應之地支有十二分之一的分配，每十分鐘會分得一天干及一地支，推之為分柱。因此要更準確，我們可以多用一柱以作判斷。但此書不會提及，希望將來有機會跟大家分享。

另一個原因是我們身處在地球不同的位置上，而地球又於太陽系中，太陽系每一時刻都在宇宙的不同位置，圍繞著宇宙軸，因此在人類有限的歷史中，我們所處之地方相對於整個宇宙，是沒有重覆的。基於這個情況，相同八字的人，他們的命運遭遇只有接近，沒有相同。

一直以來，中國人對宇宙天地萬物已有一套理解，從《易經》開始，已建立一個系統，在這二千年以來不斷進步及加入新元素，務求更為完善。可惜近百年來中國之玄學被視為迷信，沒有西方科學之證明，因此中國人都不重視，甚至鄙視；相反，近來不少西方學者都開始紛紛研究中國玄學，以科學及理性角度作分析，甚至考慮列為大學課程；日本及韓國更將此學問申請為自己的「世界非物質遺產」。本人見此狀也感到遺憾，希望在此留下點點玄學分享，更希望有朝一日在大學的正規課程中看到風水命理。

此書會從基本講起，如讀者對基本命理已有認識，可以很快的看，如果認識較淺，可以仔細慢慢消化，如有任何問題，歡迎讀者到《道天論》的臉書專頁提問或留言。本書只會寫到《窮通寶鑑》的木篇，因為篇幅所限，決定分開出版，希望讀者喜歡及支持。

陰陽五行

陰陽之説起於太陽及一切物質，簡單地說，被陽光所照為「陽」，沒有陽光所照為「陰」，因此所有物質皆有陰陽。但我們也不能說每一種事物只有「陽」或「陰」的特性，因為萬事萬物都能「陰中帶陽」或「陽中帶陰」，也隨著時間及環境之改變有著不同之陰陽變化。

除了陰陽之概念外，另一個在玄學上十分重要的概念是

「五行」，中國古人把所有事物分為五個特性，分別由「木」、「火」、「土」、「金」、「水」代表。這五種物質各有特性，亦各自有陰陽之分，所謂陽木陰木，陽水陰水。向上生長者而凝聚為「木」；而向上生而不凝聚的為「火」；「土」則是向下凝固，聚而擴散的；「金」是向下凝固而聚在一起；「水」是先聚而後散。它們有些互相依賴存在又互相制衡，是命理之根本。

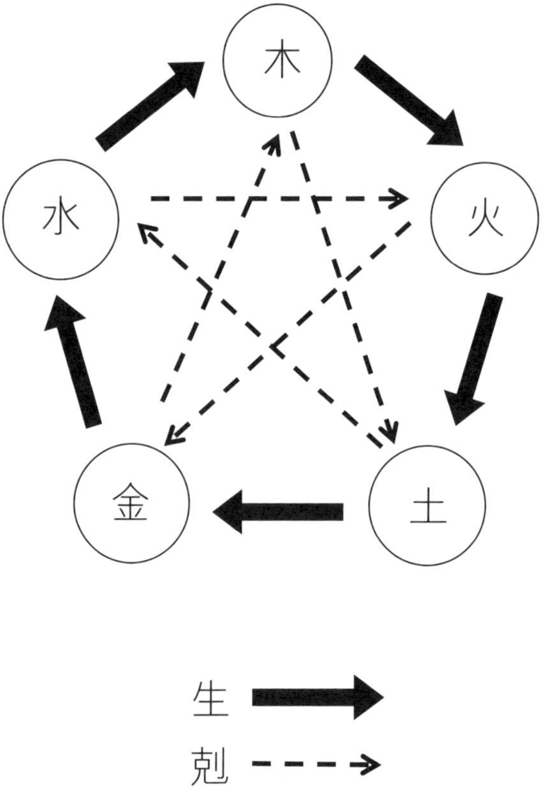

五行相生相剋圖

五行有其生剋制化，但如生旺太過則旺極無依，如金賴土生，土多埋金；土賴火生，火多土焦；火賴木生，木多火熾；木賴水生，水多木漂；水賴金生，金多水濁。如果被生者太過，則物極必反，如金生水，水多金沉；水生木，木多水縮；木生火，火多木焚；火生土，土多火滅；土生金，金多土變。如被剋制者太強則會回剋，如金剋木，木堅金缺；木剋土，土重木折；土剋水，水盛土崩；水剋火，火炎水熱；火剋金，金強火熄。又被剋者太弱則凶，如金弱遇火，必銷鎔；火弱遇水，必熄滅；水弱遇土，必淤塞；土弱遇木，必傾陷；木弱遇金，必砍折。此種受損傷的五行，多以身體殘缺為表現。

現今很多父母喜以擇吉日迎接新生命，但要緊記詢問及了解此訣，因本人有一學生，於四年多前找了一位香港有名氣的八字師傅為女兒擇日出生，最後他的女兒天生雙目失明。在本人未知他的女兒情況下，看了八字便斷言指出雙目發育有問題，因此大家要切記。

天干地支

繼陰陽五行之出現，便有十個天干及十二個地支。我們可以把它們理解為不同代號，可以代表時間，可以代表方位，也可以代表動物。以下是十天干及十二地支表：

天干	陰陽	方位	五行	季節	身體部位
甲	陽	東方	木	春	膽／頭
乙	陰				肝／頸
丙	陽	南方	火	夏	小腸／肩
丁	陰				心／胸
戊	陽	中宮	土	四季之間	胃／脅
己	陰				脾／肚
庚	陽	西方	金	秋	大腸／臍
辛	陰				肺／股
壬	陽	北方	水	冬	三焦／脛
癸	陰				腎／足

經絡	部身 位體	時間	月份	動物	五行	陰陽	地支
經膽	耳／腎	23-1	十一	鼠	水	陰	子
經肝	脾／胃	1-3	十二	牛	土	陰	丑
經肺	膽／脈發	3-5	正	虎	木	陽	寅
經腸大	指十／肝	5-7	二	兔	木	陰	卯
經胃	肚／脾	7-9	三	龍	土	陽	辰
經脾	面／齒／肛	9-11	四	蛇	火	陽	巳
經心	眼／氣神	11-13	五	馬	火	陰	午
經腸小	脊／胃	13-15	六	羊	土	陰	未
經胱膀	膊／腸大／經肺	15-17	七	猴	金	陽	申
經腎	脇／腸小／血精	17-19	八	雞	金	陰	酉
經包心	足／筋	19-21	九	狗	土	陽	戌
經焦三	頭／經神	21-23	十	豬	水	陽	亥

於中醫學說，十二地支代表不同的經絡，它跟身體部位有一定五行上的不同理解。

天干是用十進制，地支是用十二進制，兩者同陰陽之配合便產生六十個組合，即所謂的「六十甲子」，通常我們用六十甲子作時間的寫法，本書稍後也會講到曆法資料，大家會更清楚。

很多初學者都感到要記天干地支十分困難，不但讀音，寫法也有混淆，唯有用歌訣或掌法幫助記憶。而我跟我的學生說，天干地支只是代數符號，好像我們中學數學的代數（XYZ），也好像希臘字母（α β φ）。我最喜歡的是把它們比喻為化學裡的元素。八字盤基本有八個天干地支的代號組成，就好像一個人既有的化學元素，自身已有化學反應，再加上大運及流年等元素對其產生不同的影響。要記這二十二個字，我們可以把它隨身攜帶，我的意思不只是把它們放到手掌裡，大家也可以把它們放到智能電話或平板電腦中。如大家喜歡，可以用以下手掌幫助記憶，但現代人，現代的師傅，都喜歡「潮」一些，便用智能設備。

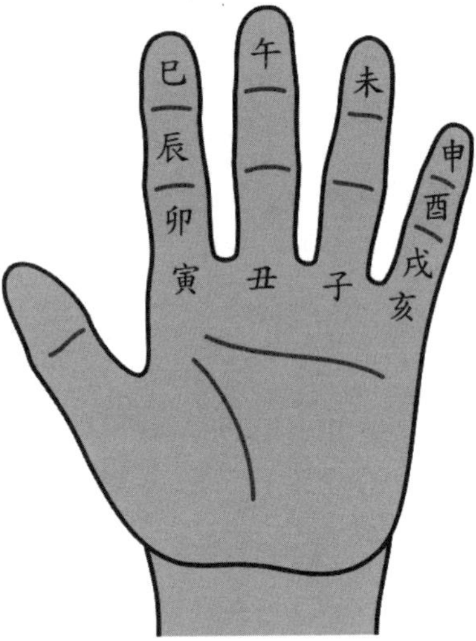

之前提到我喜歡視這些為化學元素，因為真的很貼切，有一些基本元素組合是我們一定要知道的。有學生問：「我小

時候見到化學就怕，那我不用學八字哦？」此言差矣，用元素只是做比喻，喜歡畫畫的朋友，可以理解為不同顏色的調和配搭，喜歡看電影電視劇的朋友，可以理解為不同演員配搭的劇集，其實甚麼都可以，只要你對玄學八字有興趣，必定能理解。那有甚麼組合我們一定要知道呢？就是「天干合」、「地支合」、「地支三會」及「地支三合」。

天干合化	五行合化
甲己	土
乙庚	金
丙辛	水
丁壬	木
戊癸	火

地支合化	五行合化
子丑	土
寅亥	木
卯戌	火
辰酉	金
巳申	水
午未	火

「地支三會」及「地支三合」會有「半會」「半合」，所謂半，即三個地支中見兩個，而其中一個地支必為「子」、「卯」、「午」、「酉」，因這些是會合化五行之「帝旺」位。

五三 行會	地 支
水	丑子亥
木	辰卯寅
火	未午巳
金	戌酉申

五三 行合	地 支
水	辰子申
木	未卯亥
火	戌午寅
金	丑酉巳

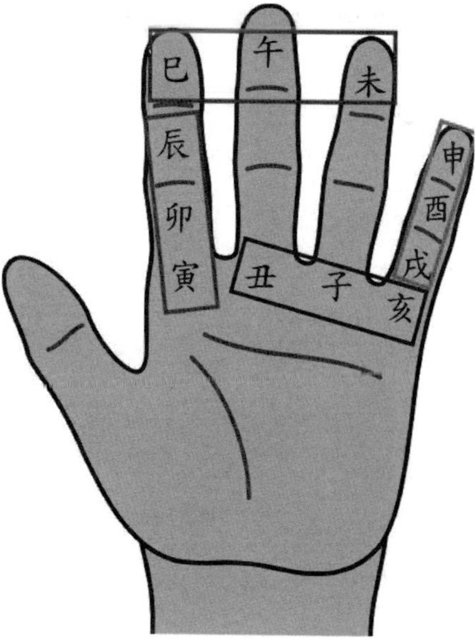

（見下兩節之「十二長生」）

如果合局中不見「帝旺」只見其餘二字，即稱為「拱」。為暗藏之意。

刑沖破害

除了不同元素放在一起會形成其它元素外，地支有些元素放在一起會產生不良效果。它們分為四類，分別為「刑」、「沖」、「破」、「害」。

「刑」即有意見不和之意，又分為「無禮之刑」、「無恩之刑」、「恃勢之刑」及「自刑」。

地支	刑
子卯	無禮之刑
丑戌未	無恩之刑
寅巳申	恃勢之刑
辰辰	自刑
午午	
酉酉	
亥亥	

無禮之刑：子本為水，卯本為木之代表，但因母（生木之水）給卯木有意見之不和，故得「無禮」。可想像子女對父母

不敬之意。從生活角度來說，「水」＝「酒」；「木」＝「色」，又酒色多主無禮。

無恩之刑：「丑」、「戌」、「未」皆為「金」、「火」、「木」之庫，「金」＝「財」，「木」＝「色」，「火」＝「氣」。當此三庫同在一起，則互相磨擦，互相有意見。又因「丑」、「戌」、「未」本為「土」，主「仁」而不能從「仁」而行「無仁愛之道」，即為「無恩」。「辰」不在此刑，因辰為水庫，即「酒」，此乃加速劑，不是主要因素，故「無恩之刑」只得「丑」、「戌」、「未」。

恃勢之刑：「寅」為火之長生，即「氣」，「申」為水之長生，即「酒」，「巳」為金之長生，即「財」，長生者為忙著，為自己創天下，培育未來，沒心留意他人勞苦功高或恩德，為己之利而生不和。因為恃勢之本為創造自己的未來而忽略他人之存在，故「色」=「木」之長生，即「亥」不在此刑，而為加速劑或催化劑，如「寅」、「申」、「巳」再加上「亥」能使小衝突變為大衝突，更甚者為大屠殺。

自刑：不在「無禮」、「無恩」及「恃勢」之地支，當自我相加或相見即得自尋煩惱或自招苦果。

「酒」=>「辰」+「辰」

「色」=>「亥」+「亥」

「財」=>「酉」+「酉」

「氣」=>「午」+「午」

「沖」即有衝擊之意，地支每隔六位為沖，又稱「七沖」。

「破」即有破壞之意思

「害」即有悲憂之意

地支相沖	地支相破	地支相害
子 午	寅 亥	子 未
丑 未	子 酉	寅 巳
寅 申	辰 丑	辰 卯
卯 酉	申 巳	午 丑
辰 戌	午 卯	申 亥
巳 亥	戌 未	酉 戌

地支藏干

地支藏干即在地支裡蘊含著天干的元素。這些我們都是死記硬背，如要解釋則篇幅太長，不在此談。我們可用現代科技把它隨身攜帶。

「支中人元」歌訣：

子中單癸水，丑藏己癸辛，寅藏甲丙戊，

卯中乙木藏，辰中戊乙癸，巳內丙戊庚，

午中藏丁己，未藏己丁乙，申中庚壬戊，
酉內只藏辛，戌中戊辛丁，亥中壬甲藏。

因地支有藏「天干」，因此也產生「地支暗合」，即地支之藏天干有天干合之現象。

十二長生

「十二長生」又稱「長生訣」，是古代陰陽五行家以十天干在十二地支中所代表的經歷。它們包括「長生」、「沐浴」、「冠帶」、「臨官」、「帝旺」、「衰」、「病」、「死」、「墓」、「絕」、「胎」和「養」。大家從字面也可太約估到這十二種狀況的意思，這顯示了萬事萬物盛極而衰，絕處逢生之象。以下是十二長生查詢表：

癸	壬	辛	庚	丁己	丙戊	乙	甲	天干 / 十二長生宮
卯	申	子	巳	酉	寅	午	亥	長生
寅	酉	亥	午	申	卯	巳	子	沐浴
丑	戌	戌	未	未	辰	辰	丑	官帶
子	亥	酉	申	午	巳	卯	寅	臨官
亥	子	申	酉	巳	午	寅	卯	帝旺
戌	丑	未	戌	辰	未	丑	辰	衰
酉	寅	午	亥	卯	申	子	巳	病
申	卯	巳	子	寅	酉	亥	午	死
未	辰	辰	丑	丑	戌	戌	未	墓
午	巳	卯	寅	子	亥	酉	申	絕
巳	午	寅	卯	亥	子	申	酉	胎
辰	未	丑	辰	戌	丑	未	戌	養

旺相休囚死

如大家對八字有一定認識，對「旺相休囚死」一定不會陌生，它描述的是五行於四季之狀況。這是十分重要的，因為我們在判斷一個八字或對八字福主用藥時，一定要知道所用五行之效能，經過分析衡量而作出判斷及決定。

旺：即處於旺盛

相：即處於次一級之旺盛

休：即處於休息之態

囚：即被囚禁，衰落之意

死：即全無生氣之息

以下是五行於四季之表：

天干／四季	木	火	土	金	水
春	旺	相	死	囚	休
夏	休	旺	相	死	囚
秋	死	囚	休	旺	相
冬	相	死	囚	休	旺
四季末	囚	休	旺	相	死

廿四氣節

中國古時天文曆學已十分先進，因為中國是農業社會，人們以太陽曆作為播種收割之時間表。太陽曆即以地球圍繞太陽公轉周期運動而制定的曆法，或可以理解為地球上，太陽直射點的周期運動（黃道）。古人把一年分成二十四個氣節，即是平均把地球公轉軌跡或黃道分成二十四份，每份十五度。二十四氣節中十二個稱為「中氣」，另外十二個稱為「節氣」，它們相間排列，由春分開始，為零度，春分為中氣，清明為節氣。以下是二零一九年的節氣時間，每年的日子相差不到兩天。另外也有一幅地球圍繞太陽轉的二十四氣節圖表，讓大家理解。

二十四節氣	日期
小寒	1月5日
大寒	1月20日
立春	2月4日
雨水	2月19日
驚蟄	3月6日
春分	3月21日
清明	4月5日
穀雨	4月20日
立夏	5月6日
小滿	5月21日
芒種	6月6日
夏至	6月21日
小暑	7月7日
大暑	7月23日
立秋	8月8日
處暑	8月23日
白露	9月8日
秋分	9月23日
寒露	10月8日
霜降	10月24日
立冬	11月8日
小雪	11月22日
大雪	12月7日
冬至	12月22日

2019年

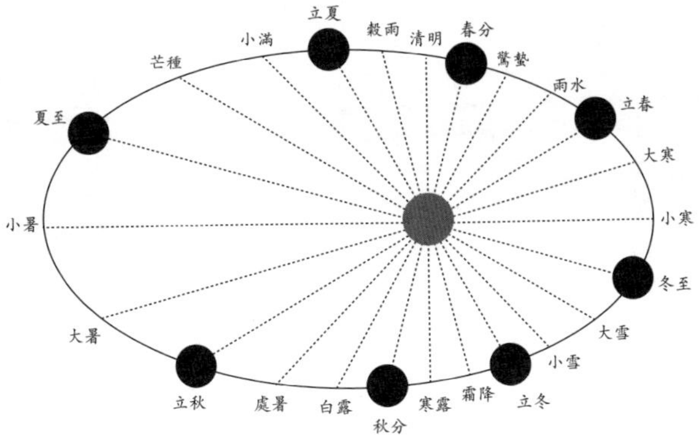

大家記這二十四氣節也可背以下歌訣：

春雨驚春清穀天，夏滿芒夏暑相連，

秋處露秋寒霜降，冬雪雪冬小大寒。

二十四節氣十分重要，因為一個人究竟出生在那一年，那一個月，便要看那個「氣」到底到了沒有，即所謂「入氣」。我有十分多的個案，都因為本人用的年柱或月柱與其他師傅不同而更能準確斷事，因此各位一定要留意「入氣」這一點。

人元司令分野表

另一個在命理分析的概念是「人元司令」，即每個月份每一日的主氣是甚麼。所謂「主氣」，即最旺，最當權之「天干」氣。這便是「人元司令分野表」，可讓大家隨身攜帶：

寅月（立春雨水）：立春後戊土七日，丙火七日，甲木十六日

卯月（驚蟄春分）：驚蟄後甲木十日，乙木二十日

辰月（清明穀雨）：清明後乙木九日，癸水三日，戊土十八日

巳月（立夏小滿）：立夏後戊土五日，庚金九日，丙火十六日

午月（芒種夏至）：芒種後丙火十日，己土九日，丁火十一日

未月（小暑大暑）：小暑後丁火九日，乙木三日，己土十八日

申月（立秋處暑）：立秋後己土七日，戊土三日，壬水三日，庚金十七日

酉月（白露秋分）：白露後庚金十日，辛金二十日

戌月（寒露霜降）：寒露後辛金九日，丁火三日，戊土十八日

亥月（立冬小雪）：冬後戊土七日，甲木五日，壬水十八日

子月（大雪冬至）：大雪後壬水十日，癸水二十日

丑月（小寒大寒）：水寒後癸水九日，辛金三日，己土十八日

很多時候本人在論命時也用到此表，起了關鍵性之作用，詳情我在此書之命理分析中再談。

排盤方法

對天干地支有了一些基本認識後，我們可以排八字盤。坊間有很多八字書都有起盤方法，又或者使用應用程式起盤，大家也可參考。在此我簡略講解，如有不明白地方，可以到《道天論》的面書專頁提問。

一個八字盤，最基本有八個字，平均分為四條柱，每條柱一個天干，一個地支。此四柱名為年柱、月柱、日柱及時柱，在香港及台灣，我們會由右至左排列。之前提過一個天干配一個地支可以是一個時間之代號，因此這四柱八字其實是時間之代號。而這八字四柱也可以用根、苗、花、果來比喻人生。年柱為「根」，為祖上；月柱為「苗」，為父母，日柱為「花」，為自身及伴侶，時柱為「果」，為子女。

年柱為命主出生之年份，如今年**2018**年為戊戌年，此年出生之人的年柱必為戊戌。第二條柱為月柱，即命主出生之月份，月份可以用「五虎遁表」查詢（見後表）。第三條柱為日柱，可以透過萬年曆或應用程式查詢該日之天干地支，而日柱之天干又稱為「日元」，是代表命主本人。最後一柱為時柱，即出生時間，可用「五鼠遁表」查詢（見後表）。

時柱要特別留意，一來是因為香港曾有「夏令時間」，二來是要用「真太陽時」。首先是「夏令時間」，香港於一九四一年至一九七九年期間有實行夏令時間，即把時間調快一小時，以下是從香港天文台網站找到的香港夏令時間的資料，如果在實施期間出生，就要把出生時間減一小時。

年份	時段
1941	6月15日至9月30日
1942	全年
1943	全年
1944	全年
1945	全年
1946	4月20日至12月1日
1947	4月13日至11月30日
1948	5月2日至10月31日
1949	4月3日至10月30日
1950	4月2日至10月29日
1951	4月1日至10月28日
1952	4月6日至11月2日
1953	4月5日至11月1日
1954	3月21日至10月31日
1955	3月20日至11月6日
1956	3月18日至11月4日
1957	3月24日至11月3日
1958	3月23日至11月2日
1959	3月22日至11月1日
1960	3月20日至11月6日

年份	時段
1961	3月19日至11月5日
1962	3月18日至11月4日
1963	3月24日至11月3日
1964	3月22日至11月1日
1965	4月18日至10月17日
1966	4月17日至10月16日
1967	4月16日至10月22日
1968	4月21日至10月20日
1969	4月20日至10月19日
1970	4月19日至10月18日
1971	4月18日至10月17日
1972	4月16日至10月22日
1973	4月22日至10月21日
1973/74	73年12月30日至74年10月20日
1975	4月20日至10月19日
1976	4月18日至10月17日
1977	無
1978	無
1979	5月13日至10月21日
1980至現在	無

而「真太陽時」則與我們平常用的時間不同，我們現在用的時間是以經緯度的東經一百二十度來訂的，而香港的經度是介乎東經一百一十三點五二至一百一十四點三之間，每一經度為四分鐘左右，因此香港要減二十三至二十六分鐘。除了地理位置不同之外，也要考慮地球圍繞太陽運轉不是正圓形，因此每天的時間都不一樣，可說是比較複雜。而本人用一個較簡單的方法，就是用太陽每日到達最高點的時間為真的中午十二時。如果大家翻查資料，找到每日的日上中天時間，便發覺每年太約由十二點零七分到十二點四十分不等，每年之「立春」、「立夏」、「立秋」及「立冬」皆為轉折點。

五虎遁歌訣：

甲己之年丙作首，乙庚之歲戊為頭，
丙辛歲首尋庚起，丁壬壬位順行流，
若言戊癸何方發，甲寅之上好追求。

戊癸	丁壬	丙辛	乙庚	甲己	天干／地支	月份
甲寅	壬寅	庚寅	戊寅	丙寅	寅	正月
乙卯	癸卯	辛卯	己卯	丁卯	卯	二月
丙辰	甲辰	壬辰	庚辰	戊辰	辰	三月
丁巳	乙巳	癸巳	辛巳	己巳	巳	四月
戊午	丙午	甲午	壬午	庚午	午	五月
己未	丁未	乙未	癸未	辛未	未	六月
庚申	戊申	丙申	甲申	壬申	申	七月
辛酉	己酉	丁酉	乙酉	癸酉	酉	八月
壬戌	庚戌	戊戌	丙戌	甲戌	戌	九月
癸亥	辛亥	己亥	丁亥	乙亥	亥	十月
甲子	壬子	庚子	戊子	丙子	子	十一月
乙丑	癸丑	辛丑	己丑	丁丑	丑	十二月

五虎遁表

五鼠遁歌訣：

甲己還加甲，乙庚丙作初，

丙辛從戊起，丁壬庚子居，

戊癸何方發，壬子是真途。

戊癸	丁王	丙辛	乙庚	甲己	天干／地支	時間
壬子	庚子	戊子	丙子	甲子	子	23—1
癸丑	辛丑	己丑	丁丑	乙丑	丑	1—3
甲寅	壬寅	庚寅	戊寅	丙寅	寅	3—5
乙卯	癸卯	辛卯	己卯	丁卯	卯	5—7
丙辰	甲辰	壬辰	庚辰	戊辰	辰	7—9
丁巳	乙巳	癸巳	辛巳	己巳	巳	9—11
戊午	丙午	甲午	壬午	庚午	午	11—13
己未	丁未	乙未	癸未	辛未	未	13—15
庚申	戊申	丙申	甲申	壬申	申	15—17
辛酉	己酉	丁酉	乙酉	癸酉	酉	17—19
壬戌	庚戌	戊戌	丙戌	甲戌	戌	19—21
癸亥	辛亥	己亥	丁亥	乙亥	亥	21—23

五鼠遁表

除了本身四柱外，還有大運和流年之柱。流年為該年的天干地支；大運則基本以十年一轉，計法以月柱為基礎，配合六十甲子。大運之數法有兩種情況：

一、陽年出生（年柱天干地支為陽）之男或陰年出生（年柱天干地支為陰）之女：順排（六十甲子之天干地支順數）

二、陰年出生（年柱天干地支為陰）之男或陽年出生（年柱天干地支為陽）之女：逆排（六十甲子之天干地支逆數）

排完了大運，我們也要計算起運之歲數，這個跟出生日子有關，如陽男陰女，以順行數至未來最近之節氣，以三日為一歲，一日為四月，兩時為十天，即可計到何時起運。如陰男陽女，則以逆行數至過去最近之節氣，日數計法相同，即知幾歲起運。

例子一：男命西曆一九七四年三月十六日下午三時十五分出生

年柱為一九七四年，即「甲寅」，三月為「丁卯」月，十六日之天干地支可查萬年曆，即「丙辰」，時間為下午三時，用五鼠遁表查之時間為「丙申」。因此命為甲年出生，為陽男，大運由月柱「丁卯」年起順排。起運歲數，陽男向未來數至清明，共二十日二十一小時，以三日為一歲，一日為四個月，兩小時為十天，起運歲數為六歲十一個月十五日，太約七歲。

八字盤如下：

時柱	日柱	月柱	年柱
丙申	丙辰	丁卯	甲寅

大運

67	57	47	37	27	17	7
甲戌	癸酉	壬申	辛未	庚午	己巳	戊辰

（例一）

例子二：女命西曆一九八六年十一月十日五時三十分出生一九八六年之天干地支為「丙寅」，以五虎遁月表查十一月之月柱為「己亥」，日柱根據萬年曆為「戊午」，時柱用五鼠遁表，為「乙卯」。因丙為陽，陽女之大運為逆行，起運年歲以向過去找氣節，即立冬，為二日二小時，因此起運年歲為八個月十天，即大約一歲起運，命盤如下：

時柱	日柱	月柱	年柱
乙卯	戊午	己亥	丙寅

大運

61	51	41	31	21	11	1
壬辰	癸巳	甲午	乙未	丙申	丁酉	戊戌

（例二）

排好一個八字，我們要知道兩個概念，分別是「透干」及「通根」。所謂「透干」即地支之藏氣於天干出現，使藏氣能發揮作用。而「通根」即天干於地支出現，為有根，即加強天干之力量。

空亡及反伏吟

「空亡」這個詞語大家可能耳熟能詳，也有幾種類別，我只跟大家講常用的，就是「六甲空亡」及「四大空亡」。「六甲空亡」較人所熟悉，要瞭解就必需知道「六十甲子」及其分為十個「旬」，所謂「旬」即十個天干配十個地支，接著有兩個地支不能配，要重複最頭的兩個天干，那兩組天干地支便是「六甲空亡」，大家可參閱下表：

甲寅旬	甲辰旬	甲午旬	甲申旬	甲戌旬	甲子旬	
甲寅	甲辰	甲午	甲申	甲戌	甲子	六十甲子
乙卯	乙巳	乙未	乙酉	乙亥	乙丑	
丙辰	丙午	丙申	丙戌	丙子	丙寅	
丁巳	丁未	丁酉	丁亥	丁丑	丁卯	
戊午	戊申	戊戌	戊子	戊寅	戊辰	
己未	己酉	己亥	己丑	己卯	己巳	
庚申	庚戌	庚子	庚寅	庚辰	庚午	
辛酉	辛亥	辛丑	辛卯	辛巳	辛未	
壬戌	壬子	壬寅	壬辰	壬午	壬申	
癸亥	癸丑	癸卯	癸巳	癸未	癸酉	
子丑	寅卯	辰巳	午未	申酉	戌亥	空亡

即如年柱是「己丑」，年柱空亡為地支見「午」或「未」。

「四大空亡」有以下歌訣：

甲子併甲午，旬中水絕流，
甲寅與甲申，金氣杳難求。

意即是甲子及甲午旬中因納音沒有水，遇水為正犯；而甲寅及甲申旬中沒有金，遇金為落空。（關於納音，稍後再談）

「空亡」名字恐怖，而在八字上遇上「空亡」，即表示其化學反應力量減弱。簡單地說，如果空亡的元素對整個命局有正面影響，那力量便減低了；相反如果空亡之元素對命局有負面影響，那壞的影響也會減低。

另外大家要認識的便是「伏吟」及「反吟」。「伏吟」的意思是天干地支遇見相同的天干地支，如出現「伏吟」即代表有擔憂及悲傷，也有停止不動之象。

「反吟」即是一個天干地支遇見另一個天干地支而有天干「剋」，地支「沖」的現象，這裡可以分成以下幾種情況：

一、月柱剋年柱：父母背祖離鄉

二、日柱剋月柱：自小反叛或不得父母愛護

三、時柱剋日柱：身體欠佳，一生辛勞

四、時柱剋年柱：晚年貧困

五、大運或流年天剋地沖原局：要看所剋之柱及其所剋或受剋是否為用神而論吉凶。

如果大運或流年之柱在影響原局某柱前有天干合或地支合，則會消解這個「反吟」的影響，「伏吟」同理。

納音

天干有其五行，地支又有其五行，天干配地支又會有另一種五行，此謂「納音」，因此納音是六十甲子的五行。古人有口訣記這六十個納音，但也有數學方法計算。以下是歌訣：

甲子乙丑海中金，丙寅丁卯爐中火，戊辰己巳大林木，

庚午辛未路旁土，壬申癸酉劍鋒金，甲戌乙亥山頭火，

丙子丁丑澗下水，戊寅己卯城頭土，庚辰辛巳白蠟金，

壬午癸未楊柳木，甲申乙酉井泉水，丙戌丁亥屋上土，
戊子己丑霹靂火，庚寅辛卯松柏木，壬辰癸巳長流水，
甲午乙未沙中金，丙申丁酉山下火，戊戌己亥平地木，
庚子辛丑壁上土，壬寅癸卯金箔金，甲辰乙巳覆燈火，
丙午丁未天河水，戊申己酉大驛土，庚戌辛亥釵釧金，
壬子癸丑桑柘木，甲寅乙卯大溪水，丙辰丁巳砂中土，
戊午己未天上火，庚申辛酉石榴木，壬戌癸亥大海水。

如果不喜歡死記，也可以用以下方式推算，以天干數字加地支數字，如結果比五大則減五，得出結果為其納音五行：

數字	天干
1	乙／甲
2	丁／丙
3	己／戊
4	辛／庚
5	癸／壬

數字	結果
1	木
2	金
3	水
4	火
5	土

數字	地支
1	未／午／丑／子
2	酉／申／卯／寅
3	亥／戌／巳／辰

十神

十神是「日元」（日柱之天干）與其他天干五行的關係，這些關係有「生我」、「我生」、「剋我」、「我剋」及「比和」，而這些關係中也有陰陽之分。「生我」之不同陰陽為「正印」，同陰陽為「偏印」；「我生」之不同陰陽為「傷官」，同陰陽為「食神」；「剋我」之不同陰陽為「正官」，同陰陽為「偏官／七殺」；

「我剋」之不同陰陽為「正財」，同陰陽為「偏財」；「比和」之不同陰陽為「劫財」，同陰陽為「比肩」。

以下是十神查詢表：

癸	壬	辛	庚	己	戊	丁	丙	乙	甲	日主／天干
傷官	食神	正財	偏財	正官	偏官	正印	偏印	劫財	比肩	甲
食神	傷官	偏財	正財	偏官	正官	偏印	正印	比肩	劫財	乙
正財	偏財	正官	偏官	正印	偏印	劫財	比肩	傷官	食神	丙
偏財	正財	偏官	正官	偏印	正印	比肩	劫財	食神	傷官	丁
正官	偏官	正印	偏印	劫財	比肩	傷官	食神	正財	偏財	戊
偏官	正官	偏印	正印	比肩	劫財	食神	傷官	偏財	正財	己
正印	偏印	劫財	比肩	傷官	食神	正財	偏財	正官	偏官	庚
偏印	正印	比肩	劫財	食神	傷官	偏財	正財	偏官	正官	辛
劫財	比肩	傷官	食神	正財	偏財	正官	偏官	正印	偏印	壬
比肩	劫財	食神	傷官	偏財	正財	偏官	正官	偏印	正印	癸

地支	藏干＼日主	甲	乙	丙	丁	戊	己	庚	辛	壬	癸
子	癸	正印	偏印	正官	偏官	正財	偏財	傷官	食神	劫財	比肩
丑	己	正財	偏財	傷官	食神	劫財	比肩	正印	偏印	正官	偏官
	癸	正印	偏印	正官	偏官	正財	偏財	傷官	食神	劫財	比肩
	辛	正官	偏官	正財	偏財	傷官	食神	劫財	比肩	正印	偏印
寅	甲	比肩	劫財	偏印	正印	偏官	正官	偏財	正財	食神	傷官
	丙	食神	傷官	比肩	劫財	偏印	正印	偏官	正官	偏財	正財
	戊	偏財	正財	食神	傷官	比肩	劫財	偏印	正印	偏官	正官
卯	乙	劫財	比肩	正印	偏印	正官	偏官	正財	偏財	傷官	食神
辰	戊	偏財	正財	食神	傷官	比肩	劫財	偏印	正印	偏官	正官
	乙	劫財	比肩	正印	偏印	正官	偏官	正財	偏財	傷官	食神
	癸	正印	偏印	正官	偏官	正財	偏財	傷官	食神	劫財	比肩
巳	丙	食神	傷官	比肩	劫財	偏印	正印	偏官	正官	偏財	正財
	戊	偏財	正財	食神	傷官	比肩	劫財	偏印	正印	偏官	正官
	庚	偏官	正官	偏財	正財	食神	傷官	比肩	劫財	偏印	正印

地支及藏干 \ 日主		甲	乙	丙	丁	戊	己	庚	辛	壬	癸
午	丁	傷官	食神	劫財	比肩	正印	偏印	正官	偏官	正財	偏財
	己	正財	偏財	傷官	食神	劫財	比肩	正印	偏印	正官	偏官
未	己	正財	偏財	傷官	食神	劫財	比肩	正印	偏印	正官	偏官
	丁	傷官	食神	劫財	比肩	正印	偏印	正官	偏官	正財	偏財
	乙	劫財	比肩	正印	偏印	正官	偏官	正財	偏財	傷官	食神
申	庚	偏官	正官	偏財	正財	食神	傷官	比肩	劫財	偏印	正印
	壬	偏印	正印	偏官	正官	偏財	正財	食神	傷官	比肩	劫財
	戊	偏財	正財	食神	傷官	比肩	劫財	偏印	正印	偏官	正官
酉	辛	正官	偏官	正財	偏財	傷官	食神	劫財	比肩	正印	偏印
戌	戊	偏財	正財	食神	傷官	比肩	劫財	偏印	正印	偏官	正官
	辛	正官	偏官	正財	偏財	傷官	食神	劫財	比肩	正印	偏印
	丁	傷官	食神	劫財	比肩	正印	偏印	正官	偏官	正財	偏財
亥	壬	偏印	正印	偏官	正官	偏財	正財	食神	傷官	比肩	劫財
	甲	比肩	劫財	偏印	正印	偏官	正官	偏財	正財	食神	傷官

十神也有其喜忌

	六親	特性	為喜性格	為忌性格	財富	健康
正官	上司，男命之兒子，女命之夫	代表地位，官銜	循規蹈矩，奉公守法，具有高貴文雅的氣質及優秀的領導才能	做事優柔寡斷，顧慮太多，缺乏魄力與決斷力	對利益追求不熱衷，適合從事公職	為喜者，身體健康，生活規範 為忌者，自壓失衡，腎氣不足
偏官／七殺	男命為女兒，女命為情夫	偏激、管束	不怕吃苦，勇於突破困境，果斷及有正確之判斷能力	缺乏圓滑交際手腕，偏向於競爭特性，激進	需經艱苦點點滴滴累積財富	為喜者，精力旺盛，魄力過大 為忌者，喜怒無常，肝腎虧損

	六親	特性	為喜性格	為忌性格	財富	健康
正印	母親	象徵權力，也代表學識及修養	人必聰明謹厚，善良，行舉有禮	做事死板，不善於觀人察色	不熱衷於追求名利，不善於與人勾心鬥角，耍心機	為喜者，身心健康，心靜恩明 為忌者，憂心煩惱，藥石為伍
偏印	繼母	代表偏門之才華與學識，如創作或設計，生性孤獨	思考敏捷，反應快，多主意但說話刻薄	缺乏同性心，經常評價自己過高，難與別人合作	雖然精明能幹，卻非商場戰將	為喜者，健康精明，精力過大 為忌者，與藥為伴，肝腎虧弱

	六親	特性	為喜性格	為忌性格	財富	健康
正財	男命為妻子，女命為父親	代表財富，不動產	做事勤快主動，刻苦耐勞，守信用，克勤克儉	好逸惡勞，吝嗇貪婪，易為生活而奔波	追求努力而得之財，較為保守，不敢冒險	活力十足，雙目有神
偏財	男命之父或妾	代表意外之財	擅長策劃、管理，能把工作安排得井然有條	不勞而獲之心態，容易向賭博或投機行業發展	善於交際，容易獲得消息、情報，掌握賺錢機會	思想敏捷，精神飽滿

	六親	特性	為喜性格	為忌性格	財富	健康
食神	後輩，女命之女兒	代表發揮能力，也代表口福	個性溫和，得下屬心悦誠服，做事易成	懷才不遇，孤芳自賞	不喜冒險，傾向以辛勞工作賺錢	身體圓潤，消化力強
傷官	後輩，女命之兒子	代表才藝，外向	聰敏，喜歡研究各種事物，博學多才，表達能力強	好勝心強，恃才傲物而任性，蔑視他人，不設實際	有冒險及投機精神，敢於創業，一生事業波動較大	身形瘦長

	六親	特性	為喜性格	為忌性格	財富	健康
比肩	兄弟，同輩	代表自我，也代表友情	性格剛毅，自我性強，心思敏捷，擇善固執，容易有貴人相助	不善表達及處理人際關係，較自我中心，魯莽	不善理財，缺乏靈巧應變智慧	骨骼粗壯，少病
劫財	姊妹，同輩	代表財產被奪之意	心思敏捷，迎合週圍環境，有隨機應變能力	行事魯莽，缺乏週詳計劃，往往使事情不可收拾	喜不勞而獲，對於錢財非常敏感，卻不善理財	多有吸煙或嗜酒習慣

定用神及格局

「用神」為八字中所用之「主要原素」，即日主所需要之五行元素。選取「用神」為八字重要之判斷考慮，因要講究五行調和，縱觀全局。如日主太弱要生扶，太強要抑制。如「用神」有病受制則以制病為藥。八字的寒熱燥濕也要留意，是否太寒或太熱，所謂要「調候」。「通關」是另外一個定「用神」的法則，用於緩和兩個五行的相剋。

一般「十神論」先定日主（日元）之強弱旺衰，這皆以「得令」、「得地」及「得勢」以論之。所謂「得令」是指月提（即月支）幫助日主之五行；「得地」是指日主之五行「通根」；「得勢」為除日主外其餘三個天干有否與日主相同之五行。得知命主之強弱旺衰之後，再看八字之「格局」。

「格局」分為「正格」及「外格」，「正格」現今有八種，為正官、偏官、正財、偏財、正印、偏印、食神及傷官。「正格」以月支主氣為主，如透天干則以此為格局。如主氣不透干則看餘氣，如所有藏氣皆不透干，則以對命命局最為有利而又無刑沖破害者為格局。

「外格」分為「專旺」、「從弱」、「從化」。「專旺」意思是日主之五行在命局中很強旺又透干，忌見官殺，如有財星要虛浮或合剋，以最旺為「用神」。「專旺」分以下幾種，有以甲乙木為旺的「曲直格(人壽格)」；有以丙丁火為旺的「炎上格」；以戊己為旺的「稼穡格」；以庚辛為旺的「從革格」以及以壬癸為旺的「潤下格」。

「從弱」意思是日主五行在命局中很衰弱，沒有生扶，只有剋洩損耗。其中有「從殺格」，即命局中全是官殺又得令，無食傷剋官殺，以官殺為「用神」；「從財格」即命局財旺，財星得令又無比劫，以財為用；另有「從兒格」，即月支為食傷又透干，又見財星，忌見印星，食傷為「用神」；還有「從勢格」，即無劫印而財官食傷均旺，以最旺者為用。

另有一種「外格」稱「從化格」，即日干跟月干或時干合化，並有月提作引化，合化之五行透干及無受強剋，取合化之神為「用神」。

定了「用神」後，其餘五行也有名稱，生「用神」者為「喜神」，剋「用神」者為「忌神」，幫「忌神」者為「愁神」，餘下的一個是謂「閒神」。如「用神」為水，金為「喜神」，火為「愁神」，土為「忌神」而木為「閒神」。

《窮通寶鑑》的用神不以五行為主，而以十天干為用，此點大家要留意，因此本人解釋時多以用十天干。例如用神為庚金，如見辛金為如何呢？很多時候會截然不同的。

神煞

八字除了用五行十神論命，也看「神煞」。所謂「神煞」即是八字中出現於天干地支的吉神或凶神。以下是一些常用的「神煞」。

天德貴人：主顯貴，能逢凶化吉，如遇刑沖或空亡則不貴。天德是根據月支取日為主，歌訣為：

正丁二坤宮（申），三壬四辛同，

五乾（亥）六甲上，七癸八艮同（寅），九丙十歸乙，子（十一月）巽（巳）丑（十二月）庚中。

月德貴人：乃三合所照之方，日月會合之辰，也是命中之貴神，天德是陽之德，月德是陰之德，歌訣為：

寅午戌月生者見丙，申子辰月生者見壬，

亥卯未月生者見甲，巳酉丑月生者見庚。

凡柱中年月日時干上，見者為有月德貴人。

天德月德合：與天德或月德天干合。如天德在丁，丁壬合，壬為天德合。又如月德在辛，丙辛合則丙為月德合。

三奇：「奇」乃異，為貴之意，命中三奇者必需順排及連續，如年月日干或月日時干，有三奇者博學多才，威名遠播。有「天上三奇」、「地上三奇」及「人中三奇」。

「天上三奇」為甲戊庚；「地上三奇」為乙丙丁；「人中三奇」為壬癸辛。三奇也要得用，所謂「得時」、「得地」、「得體」，「得時」者為時支得用，「得地」者為所有地支得用，「得體」者為年月支得用。

天乙貴人：易得人助，能逢凶化吉。歌訣為：

甲戊庚牛羊，乙己鼠猴鄉，丙丁豬雞位，壬癸兔蛇藏，

六辛逢馬虎，此是貴人方。

文昌：命帶文昌為聰明，愛學習，凡事能逢凶化吉。其

取日干食神之臨官位，歌訣為：

甲巳乙午文昌位，丙戊申宮丁己雞。庚豬辛鼠壬逢虎，

癸人見卯入雲梯。

華蓋：喜愛藝術而且聰明，但較孤僻。以年或日支推，

取其三合局之墓庫，如寅午戌為戌、亥卯未為未，申子辰為辰，巳酉丑為丑。

驛馬：為動象，主奔波。以年或日支取，以沖三合局之首位為驛馬，即寅午戌為申，巳酉丑年亥，申子辰年寅，亥卯未年巳。驛馬又分多類，此處只舉四種，篇幅所限，未能詳解。

（一）天馬：即驛馬天干透三合之旺神，如丙申、辛亥、壬寅、乙巳

（二）活馬：驛馬之天干與年干一樣

（三）祿馬：日主之臨官位為驛馬

（四）財馬：驛馬是日主十神之財

（前欄後干，合者為韁，沖者為鞭）

咸池：為桃花星，主人之情感及性慾，吸引異性，人緣佳。於年月柱出現為牆內桃花，代表夫妻恩愛；於時柱見為牆外桃花，容易遇上情人。咸池以年或日支推，寅午戌為卯；巳酉丑為午；申子辰為酉；亥卯未為子。另天干也有桃花，即其沐浴之地，如甲乙遇子；丙丁遇卯；戊己遇卯；庚辛遇午；壬癸遇酉。

紅艷：主講女性，主多情風流。歌訣：

多情多慾少人知，六丙逢寅辛見鷄。癸臨申上丁見未，眉開眼笑樂嬉嬉。甲乙見午申庚見戌，世間只是眾人妻。戊己怕辰壬向子，祿馬（午）相逢作路妓。任是富家官宦女，花前月下也偷期。

劫煞：劫為奪，於五行之絕處，主病傷之災，不穩及破財。以年或日支推，寅午戌為亥；巳酉丑為寅；申子辰為巳；亥卯未為申。

將星：主領導才能，能握權力。以其年或日支推，寅午戌見午；巳酉丑見酉；申子辰見子；亥卯未見卯。

災煞：衝將星為災煞，主有災禍。以年或日支推，寅午戌見子；巳酉丑見卯；申子辰見午；亥卯未見酉。

亡神：又名七殺或官符，亡者即失去之意，於五行之旺處。以年或日支推，寅午戌為巳；巳酉丑為申；申子辰為亥；

亥卯未為寅。

孤辰寡宿：有云男怕孤辰，女怕寡宿，主剋夫損妻，男為他鄉之客，女為異方之婦，與六親緣薄。以年或日支推，寅卯辰則巳為孤辰，丑為寡宿；巳午未則申為孤辰，辰為寡宿；申酉戌則亥為孤辰，未為寡宿；亥子丑則寅為孤辰，戌為寡宿。

魁罡：主性情剛烈，聰明。《三命通會》云「辰為天罡，戌為河魁，乃陰陽絕滅之地，故名」。此以日柱推，春天壬辰、夏季庚戌、秋天壬戌、冬季庚辰之日柱為魁罡。

天羅地網：主牢獄之災，疾病之憂。《淵海子平》云「戌亥為天羅，辰巳為地網。凡納音火命，見戌亥日為天羅；水土命，見辰巳日為地網，金木二命無之。」即是年柱納音為火，見戌亥時為天羅；年柱納音為水土，見辰巳為地網。

以下是方便大家查閱的神煞表：

月支＼神煞	天德貴人	天德合	月德貴人	月德合
子	巳	申	壬	丁
丑	庚	乙	庚	乙
寅	丁	壬	丙	辛
卯	申	巳	甲	己
辰	壬	丁	壬	丁
巳	辛	丙	庚	乙
午	亥	寅	丙	辛
未	甲	己	甲	己
申	癸	戊	壬	丁
酉	寅	亥	庚	乙
戌	丙	辛	丙	辛
亥	乙	庚	甲	己

天干／神煞	天乙貴人	文昌	紅艷
甲	丑未	巳	午申
乙	子申	午	午申
丙	亥酉	申	寅
丁	亥酉	酉	未
戊	丑未	申	辰
己	子申	酉	辰
庚	丑未	亥	戌
辛	午寅	子	酉
壬	卯巳	寅	子
癸	卯巳	卯	申

寡宿	孤辰	亡神	災煞	將星	劫煞	咸池	驛馬	神煞／地支
戌	寅	亥	午	子	巳	酉	寅	子
戌	寅	申	卯	酉	寅	午	亥	丑
丑	巳	巳	子	午	亥	卯	申	寅
丑	巳	寅	酉	卯	申	子	巳	卯
丑	巳	亥	午	子	巳	酉	寅	辰
辰	申	申	卯	酉	寅	午	亥	巳
辰	申	巳	子	午	亥	卯	申	午
辰	申	寅	酉	卯	申	子	巳	未
未	亥	亥	午	子	巳	酉	寅	申
未	亥	申	卯	酉	寅	午	亥	酉
未	亥	巳	子	午	亥	卯	申	戌
戌	寅	寅	酉	卯	申	子	巳	亥

甲木篇——春季

三春甲木

春月之木，漸有生長之象。初春猶有餘寒，當以火溫暖，則有舒暢之美。水多變剋，有損精神。重見生旺，必用庚金砍伐，可成棟樑。春末陽壯水渴，藉水資扶，則花繁葉茂。初春無火，增之以水，則陰濃氣弱，根損枝枯，不能華秀。春末失水，增之以火，則陽氣太盛，燥渴相加，枝葉乾枯，

亦不華秀。是以水火二物，要得時相濟為美。

每個季都分「孟、仲、季」，古代常以此為長幼有序。「孟」為長，為開始，於春天即「寅」月；「仲」為第二，即「卯」月；「季」為最幼、最後，即「辰」月。

甲木於前所述為大樹、參天之木，經過冬天寒冷後，樹木於春天又開始生長。要留意的是春天之初還是寒冷，甲木需要溫暖以助生長，但如水太多則為剋，因生之過多變剋，而水又謂智慧，太多即思想太多，損害精神。如木太多，則要用庚金砍甲木，因庚金為斧頭利刀，甲木要剪裁才能夠發揮其功能，成為棟樑。

於春天季尾，由於開始接近夏天，天氣漸熱，要用水幫甲木生長，才能顯出甲木之美。甲木要「水」及「火」配合得宜，要留意出生時之寒熱燥濕。

正月甲木：

初春尚有餘寒，得丙癸透，富貴雙全。癸藏丙透，名「寒木向陽」，主大富貴。倘風水不及，亦不失儒林俊秀。如無

丙癸，平常人也。

一月之甲木宜見「丙」及「癸」，「丙」為解寒冷，「癸」之作用是增加空氣濕度。如不見「丙癸」而是有「丁壬」，雖說也是有火及水，但因其功能不及，稱為「異路功名」，遠走他方。「異路功名」意思即是同樣達到目的，但較為辛苦。

正二月甲木，素無取從財、從殺、從化之理。

月提為寅或卯，木之原素重，不可能出現「從財」、「從殺」或「從化」格。

或一派庚辛，主一生勞苦，剋子刑妻；再支會金局，非夭即貧。

「庚辛」為官殺，重剋甲木，又不是命中用神，而官殺又為壓力，因而產生虐兒、子女多病或生活不佳。此處「夭」為十五歲前離逝，「貧」者即十五歲後仍要辛勞賺錢。

如無丙丁，一派壬癸，又無戊己制之，名水泛木浮，死無棺槨。

如果無火暖身，加上局中水多，又無土剋制水，則因水太多而木飄浮，客死異鄉。

如一派戊己，支會金局，為財多身弱，富屋貧人，終身勞苦，妻晚子遲。

支會金局即地支有三會或三合金局出現，金於木又為官殺，如正官重則指家庭官教嚴格；如七殺重則遭家暴，從小到大辛苦過日子。此處金有土生旺，即財生官殺，表示貧窮。如大運順行是行木火之地，幫身，但不能大富大貴，只能幫富人辦事，而且壓力大。

或無庚金，有丁透，亦屬文星，為木火通明之象，又名「傷官生財格」，主聰明雅秀。

「丁」火為傷官又為用神，即是秀氣，古時透秀氣為文星。但現代文星為文昌，即食神。

一見癸水傷丁，但作厚道迂腐。

「癸」水代表濕氣高，會傷害「丁」火，使人變得迂腐，因水為印緩，表示受家長或長輩過份教導，雖厚道但迂腐。

或柱中多癸，滋助木神，傷滅丁火，其人奸雄梟險，曹

操之徒，言清行濁，笑裏藏刀。

「多」者即三個以上，三個「癸」水會成一個「壬」水，又為梟神，即為人多計謀，心機重。而且水代表智慧，火代表禮，水多傷禮，即其人表面有智慧，但其實無禮貌，笑裡藏刀。

若庚申、戊寅、甲寅、丙寅，一行金水，發進士；或甲午日、庚午時，其人必貴。但要運相催，不宜制了庚丁，此又不吉，號曰「木被金傷」。若無丙丁破金，必主殘疾。

時柱	日柱	月柱	年柱
丙寅	甲寅	戊寅	庚申

大運

乙酉	甲申	癸未	壬午	辛巳	庚辰	己卯

此命甲木生於寅月，地支木氣旺盛，幸有庚金透天，地支自座申地，月干護庚，得庚金可使中木成材，一行「辛巳」大運，為文昌，但地支又成為「三刑」，因此考試落第，原因為意氣之過。「壬午」大運為貴人之地，地支三合火局，故有中進士之運，但無狀元之命，因丙透干也。

時柱	日柱	月柱	年柱
庚午	甲午	戊寅	庚申

大運

乙酉	甲申	癸未	壬午	辛巳	庚辰	己卯

此命日主甲木被庚金剋，小時被體罰。申金受火剋又受沖，只能靠天干庚金生之，而天干之庚金不能靠戊土生，皆因火重無水。要留意水氣，行水之大運為吉，於壬午大運有暗子，財運。金太強即殘疾，如行火運即制金傷甲木。

或支成火局，洩露太過，定主愚儒。有啾唧災病纏身，終有暗疾。

火多傷金，代表肺部，即有哮喘、鼻敏感、肺弱。鼻敏感可從八字之火是否燥來判斷，如能去一些較潮濕之地方可能會好轉。

支成木局，得庚為貴，無庚必凶。若非僧道，男主鰥孤，女主寡獨。

木太多遮擋太陽，要庚金砍木，讓陽光照射以生長。自身太旺，剋財洩印。

支成水局，戊透成貴，如無戊制，不但貧賤，且死無棺木。

水多要用戊土制水，否則梟雄；如無制則水氾木浮，漂流在外且客死異鄉。

故書曰：甲木若無根，全賴申子辰。干得財殺透，平步上青雲。

此命例地支全水局，甲木靠其生，要得土制水，即財；而有殺透即代表官貴，通根於申金，即庚金砍木引丁火，如大運順行則很快就行火地，平步青雲。

凡三春甲木，用庚者，土為妻，金為子。用丁者，木為妻，火為子。

此處說明用神及六親關係，皆以用神為子，生用神為妻。如春天之甲木，以庚金為用神，則土為妻，金為子；如以丁火為用神，則以木為妻，火為子。

總之正二月甲木，有庚戊者上命，如有丁透，大富大貴之命也。

一月及二月為木氣旺，甲木有庚金修剪又有戊土生庚金為好；如加上有丁火幫助燒木，為富貴，即食傷財全齊。

二月甲木：

庚金得所，名陽刃架殺，可云小貴。異途顯達，亦主武職，但要財資之。柱中逢財，英雄獨壓萬人。若見癸水，困了財殺，主為光棍。重刃必定遭凶，性情兇暴。

甲木長生十二宮之帝旺為卯，即二月，故謂陽刃。如只得庚金不夠，潤土生金，因木硬回剋庚金。要有財即土才為英雄。癸水透干，即有水通庚金，失去庚金之作用，也令木過濕。甲木見庚癸，是粗暴之人，因殺印相生，殺本是制，但有印通關，即有人關懷寵壞。

書曰：木旺宜火之光輝，秋闈可試。木向春生，處世安然有壽。日主無依，欲喜運行財地。

木旺盛用庚金砍之，如無則用火洩秀，另外木主仁，火主禮，火洩其秀即此人有仁禮，如無金則無義。

三月甲木：木氣相竭，先取庚金，次用壬水。庚壬兩透，一榜堪圖。但要運用相生，風水陰德，方許富貴。

辰月是甲木之衰位，火氣漸重，要用壬水，同時甲木有枯枝，要用庚金作剪裁。

或見一二庚金，獨取壬水，壬透清秀之人，才學必富。

此命如見二庚及一壬透干只能如下：

時柱	日柱	月柱	年柱
壬申	甲〇	庚辰	庚〇

大運

丁亥	丙戌	乙酉	甲申	癸未	壬午	辛巳

此命大運順行，行火地又有水，有生有洩，又殺印相生，乃功名利祿，見金表示讀書考試易成功，但此命唯一不好是全陽。

或天干透出二丙，庚藏之下，此「鈍斧無鋼」，富貴難求。若有壬癸破火，堪作秀才。

庚金為三月之甲木之用神，如藏支

時柱	日柱	月柱	年柱
戊/己 辰/巳	甲 ○	戊 辰	己 ○

大運

辛 酉	壬 戌	癸 亥	甲 子	乙 丑	丙 寅	丁 卯

又受火剋則無用，因此水在此十分重要，有剋火之用，同時接近夏天也可降火氣。

或柱中全無一水，戊己透干，支成土局，又作棄命從財，因人而致富貴，妻子有能。

此可有以上命例：

地支成土局，即有辰戌丑未，如日

柱地支為「戌」，則月日柱天剋地沖，如離鄉別井會有意外，險死橫生。如大運逆行，先行木地再行水地，從財格，但格局低。如日支為「午」，妻星為貴人，格局比為「甲戌」日主高，大運行水也不怕。

或見戊己，及比劫多者，名為雜氣奪財，此人勞碌到老，無馭內之權。女命合此，女掌男權，賢能內助。

此命例可如上：

時柱	日柱	月柱	年柱
戊/己 辰/巳	甲 ○	戊 辰	甲 ○

大運

乙 亥	甲 戌	癸 酉	壬 申	辛 未	庚 午	己 巳

此命大運順行，先行火地，再行金地，火生土，即表示四處走動賺錢，勞碌而無權力。如是女命則大運逆行，先行水地，有權力。

時柱	日柱	月柱	年柱
乙丑	甲〇	戊辰	甲〇

大運

乙亥	甲戌	癸酉	壬申	辛未	庚午	己巳

若比劫重見，淫惡不堪。

木太多可見以上命例，要金作剪裁，大運順行到「壬申」才能致富，而且經常到外地。而淫惡皆因以水作調和時身體荷爾蒙有需求。木多反剋官殺之制，成惡，木又主色，為淫。

或支成金局，方可用丁，不然，三月無用丁之法，惟有先庚後壬取用，書

曰：甲乙生寅卯，庚辛幹上逢，離南推富貴，坎地卻為凶。

地支有金局「申酉戌」，則會暗拱「子」水，那「庚」及「壬」便不是問題，要用火，但不能用「丙」火，因丙火不能燃燒甲木，要用「丁」，也不能行水運，否則是憂傷抑鬱致病。

甲木篇——夏季

三夏甲木

四月甲木：四月甲木退氣，丙火司權，先癸後丁。

夏天即「巳」月，為四月、「午」月，為五月及「未」月，為六月。

巳月之甲木為其長生十二宮之「病」位，開始退氣，而以丙火為主，天氣熱，以癸制丙，再用丁火。

庚金太多，甲反受病。若得壬水，方配得中和。此人性好清高，假裝富貴。即蔭襲顯達，終日好作禍亂，善辯巧談，喜作詩文，此理最驗。

巳為庚金之「長生」位，十分旺而令甲木受傷，要以「壬」水作通關。甲木有壬水生又洩火氣，此為「清高」。有生有洩為清秀，有剋有生為艷俊。

此命可見以下例子：

時柱	日柱	月柱	年柱
壬申	甲〇	辛巳	庚〇

大運

戊子	丁亥	丙戌	乙酉	甲申	癸未	壬午

大運順行至申酉，金多水多，清雅多情，但此命無財，雖印多亦能生財，但火月食傷也重。如有財藏干則可賺錢，亦可清高；父母宮火土同旺，有父蔭；庚金生壬水，主多山，因壬水主陽，為向外。

如一庚二丙，稍有富貴。金多火多，又是下格。

時柱	日柱	月柱	年柱
庚	甲	癸	丙
午	〇	巳	〇

大運

庚	己	戊	丁	丙	乙	甲
子	亥	戌	酉	申	未	午

命例如上：

此處「二丙」者為其中一個藏干，因巳月甲木不能有兩個「丙」於天干。如月干不是「癸」水便是下格，無父蔭，因會太躁，做事久缺耐性，身體方面腸胃要多留意。

或癸丁與庚齊透天干，此命可言科甲。即風水淺薄，亦有選拔之才。癸水

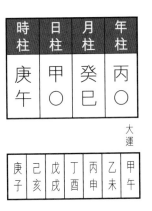

不出，雖有庚金丁火，不過富中取貴，異途官職而已。壬透可雲一富。若全無點水，又無庚金丁火，一派丙戊，此無用之人也。

時柱	日柱	月柱	年柱
庚	甲	丁	癸
午	○	巳	○

大運

庚	辛	壬	癸	甲	乙	丙
戌	亥	子	丑	寅	卯	辰

命例如上：

此處之命例的年干只能是「癸」水，不能為「庚」金或「丁」火，因月柱不能有另外兩干齊透。

丁坐巳位，為長生十二宮之帝旺，有力；另癸水會滅丁火，但庚金砍甲引丁，即有幫手，此命「丁」火不能受傷害；此命大運逆行，小時運氣較差，到「甲寅」大運開始轉好，到「癸丑」運大發，但「壬子」大運因丁壬合會有事發生。

五六月甲木：

木性虛焦，一理共推。五月先癸後丁，庚金次之。六月三伏生寒，丁火退氣，先丁後庚，無癸亦可。或五月乏癸，用丁亦可。要運行北地為佳。

甲木於五月為死地，火仍然很旺，因此要先有水及火，而六月則為甲之墓地，所謂「三伏生寒」不是進入秋天，而是未月藏有水氣，要用火再用金，因此無癸水也可以。凡病死墓位皆有寒氣。

總之五六月用丁火，雖運行北地，不至於死，卻不利運行火地，號曰「木化成灰必死」。行西程又不吉，號曰「傷官遇殺」，不測災來。惟東方則吉，北方次之，此五六月用丁火之說也。

午月及未月之甲木首要用水為皆，無水行北地，即大運亥子丑，再加丁火也免強，但不能行「巳午未」及「申酉戌」大運。

凡用神太多，不宜克制，須洩之為妙。

有兩個或以上用神透於天干為多，用神不能剋，例如兩癸一壬，要洩之，因用神太多又有陰陽，產生互相扶持之作用。又例如用神為丁火又從格，要以洩火為主。

五六月甲木，木盛先庚，庚盛先丁。

如甲木於午未月而地支木旺，則不怕被庚金砍，但要有水氣幫身。如庚金太旺盛，即超過兩個，則要用水洩金，其他用丁火制庚金便可。

五月癸庚兩透，為上上之格。六月庚丁兩透，亦為上上之格。用神既透，木火通明，大富大貴。或丁火太多，癸水亦多，反作平人。

若柱中多金，名為「殺重身輕」，先富後貧。運不相扶，非貧則夭。或庚多有一二丙丁制伏，又有壬癸透干，洩金之

氣，此又為先貧後富。

柱中多庚即有三個或以上，如大運順行為運不相扶，行火金之地，庚多即地支有金或成金局，如天干透庚宜用丁火，如透辛則宜用丙火。丙火制辛金，丁火制庚金，要陰陽制行。如大運順行，到水地會大發。

或滿柱丙火，又加丁火，不見官殺，謂之「傷官傷盡最為奇」，反主清貴，定主才學過人，科甲有望。但歲運不宜見水，若柱中有壬水，運又逢水，必貧夭死。

命中多丙丁火而不見庚辛金，為從勢格（從兒格），用神為火及土，生了孩子能更富。忌行水地。

但凡木火傷官者，聰明智巧，卻是人同心異，多見多疑，雖不生事害人，每抱忌妒之想，女命一理同推。

從兒格，食神傷官為多才學計謀；木火多之人可從事表演之行業；火主禮，火多到極為金，而火金相剋，剋金為不義，即多疑。木火多則生性多疑。

或四柱多土，干上有乙木，切勿作棄命從財。

因火土同旺，甲木多土者不作從財格判斷。

時月兩透己土，名二土爭合，男主奔流，女主淫賤。見二甲則不爭矣，亦屬平庸之輩。或四柱有辰，干見二己二甲，此人名利雙全，大富大貴。

此命如下：

時柱	日柱	月柱	年柱
己 巳	甲 ○	己 未	戊/癸 ○

火土同旺，火旺男性主周圍走；甲己合土，合之結果為食神傷官之特性，代表周圍走及做事，這不是爭合。如行金運是財，行土運是一半半，洩土為財；見金富。如不見水為平庸之輩，因未月要見水；而六月可以不見水，但要有丁火。

若在六月，見辰支，名為「逢時化

合格」，以癸水為妻，丁火為子。若二己一甲爭合，取支中比劫為用，以甲為用者，壬癸為妻，甲乙為子。其餘用庚者，土妻金子。用丁者木妻火子。女命以喜作夫、用作子，十干皆同。

命例如下：

時柱	日柱	月柱	年柱
己巳	甲辰	○未	○○

辰藏「戊乙癸」，未藏「己丁乙」。

甲己化土，又為火。用神為丁火，因此丁火為六親之「子」，妻應是生火的木，但因被合，順推以癸水為妻。如二己一甲爭合，要以甲乙木為用神，以壬癸水為妻。

如用庚為用神，則土為妻；丁為用神則木為妻。而女命亦以用神為子，生用神為夫。

或是己土，不見戊土，乃為假從，其人一生縮首反項，畏妻子。若無印綬，一生貧苦。六月尤可，五月決不可。

甲木篇——秋季

三秋甲木

七月甲木：

木性枯槁，金土乘旺，先丁後庚。丁庚兩全，將甲造成畫戟。七月甲堪為戟，非丁不能造庚，非庚不能造甲。丁庚兩透，科甲定然。

秋天由「申」月開始，即七月，八月為「酉」月，九月為

「戌」月。「申」月踏入寒冷，所以先丁後庚。如丁火為用神，即子，甲木為妻，剋妻者為官；子為食傷，即有名氣即官。

庚祿居申，殺印相生，運行金水，身伴明君。

庚坐申，很强，甲木在此雖死，但有庚金砍引丁，行水有印緩更好，能生木。

或庚透無丁，一富而已，主為人操心太重，不能坐享。

如無丁，沒有貴；操心太重因主壓力即官殺。

或丁透庚藏，亦主青衿小富。或庚多無丁，殘疾病人。

若為僧道，災厄可免。

如丁透天干，一身清貴，因丁主名，有名有錢。但如庚太多砍甲木，會殘疾，要丁火制庚金。為僧道或學佛較好，因壓力太大。

丁透庚藏，則制過七煞，環境束縛，不能大有發展，表矜小富而已。

即庚金七殺被制，用神透，會有富，制庚金，不能砍甲木。

或四柱庚旺，支內水多，不作棄命從殺，見土多可作從

財而看。

庚金水旺，如有水則生木，不能作從殺格，怕水氾木浮，流離失所。如庚金旺又見土多可作從財。

庚多無癸，而壬水多，戊己亦多，此則專用一點丁火，方可制金以養群土。此命大富。

水太多要土制，用丁火暖命局，能制金又能生土，大富因庚金太多有制。

丁藏富小不顯。丁露定作富豪。得二丁，不坐死絕，必

時柱	日柱	月柱	年柱
丁卯	甲〇	戊申	丁〇

大運

辛丑	壬寅	癸卯	甲辰	乙巳	丙午	丁未

然富貴雙全。

丁藏即丁於地支，丁露即丁於天干。命裡如有二丁，即如上：

此命甲木生於申月，為絕地，以制申金為救本之藥，幸得雙丁透年時兩干，時柱丁座帝旺之卯支，得暖甲之能，大運逆行到「丙午」為貴人，「乙巳」為文昌，即成富貴之命也。

即風水不及，亦可富中取貴，納粟奏名。

此「風水」為當時社會經濟或居住之大環境，風水不及即環境不甚理想，也不愁衣食。「納粟」為古代之富人，以捐粟以取得官爵或贖罪。

或癸疊疊制伏丁火，雖滿腹文章，終難顯達。得運行火土，破癸，略可假就功名。歲運皆背，刀筆之徒。

癸水制丁火，即有印制傷官。如丁火受癸困，而見戊己土破癸，則財制印，幫丁火。

支成水局，戊己透幹，制去癸水，存其丁火，又可雲科甲。但此等命，主為人心奸巧詐，好訟爭非，因貪致禍，奸險之徒，決非安分之人。

如地支有水局，則能生木，有土制水得以令丁火生存。戊土制癸水，而申月有庚金，即官殺藏，得制而藏，因庚金藏即為人奸險多計謀。

七月甲木，丁火為尊，庚金次之。庚金不可少，火隔水不能熔金，故丁火熔金，必賴甲木引助，方成洪爐。若有癸

水阻隔，便滅丁火，壬水無礙，且能合丁。但須見戊土，方可制水存火。

總結七月之甲木，要以丁為先，庚金為後，但丁火怕見癸水，不怕壬水，能合做木生丁火；另要見戊土制壬水，否則水氾木浮。

八月甲木：

木囚金旺，丁火為先，次用丙火，庚金再次。一丁一庚，科甲定顯。

甲木於酉月，為長生十二宮之胎位，即不能受太多衝擊，因此皆用丁火，次用庚金；用庚金砍秋天之枯枝，再用丁火暖身。

中科甲有以下兩個命例：

年柱	月柱	日柱	時柱
丁○	己酉	甲○	庚午

大運

戊申	丁未	丙午	乙巳	甲辰	癸卯	壬寅

年柱	月柱	日柱	時柱
庚○	乙酉	甲○	丁卯

大運

丙戌	丁亥	戊子	己丑	庚寅	辛卯	壬辰

癸水一透，科甲不全。丙庚兩透，富大貴小。丙丁全無，僧道之命。

如透水便太冷，而且癸水會使木濕，不能生丁火；如地支有火局不怕；丙庚透干的命例如下：

時柱	日柱	月柱	年柱
丙寅	甲○	乙酉	庚○

大運

壬辰	辛卯	庚寅	己丑	戊子	丁亥	丙戌

如只得庚金，是僧道或殘疾。

在八月，甲木見火為好，再用庚金砍木。如只有庚金為殘疾之命，但如無火而庚金不透，這些是僧道之命。

甲木於酉月為胎位，無丙丁火不能生財，則財多身弱；如見自黨（水及甲）是寒命，水木見生是苦命；如見土，一是生庚金，一是埋庚金，如埋庚金使庚金不傷日主，財多身弱，即無財，要外面找財，即貧。古代貧人可能是乞丐，但有戊土不能是乞丐，因為水才是周圍流浪；另一可能是僧人或術

土。

丙透無癸，富貴雙全。有癸制丙，平常之人。支成火局，可許假貴。戊己一透，可作富翁。

癸水制丙火，沒有了幫手制寒，為平常人；但如地支有火局，也可以制寒；如戊透便可合癸水化火，己土合甲木成財來合我，又有火生財，見火再見土，火土同旺。

或支成金局，干露庚金，為木被金傷，必主殘疾。得丙丁破金，亦主老來暗疾。或支成木局，干透比劫，反取庚金

為先，次用丁火。

如大運順行或逆行，老年天干大運行水局，見癸水制丙丁火，使金破木，暗疾如風濕或關節不妥。但如地支有木局，即有寅卯辰或亥卯未，即要以庚金砍木為先，因木太多。

九月甲木：

木性凋零，獨愛丁火。壬癸滋扶，丁壬癸透，戊己亦透，此命配得中和，可許一榜。庚金得所，科甲定然。

九月甲木，要水在地支，火於天干，見庚金最好。丁壬癸其中一個透干，戊己其中一個透干，得中和；因丁火生戊己即生財；要壬癸是因為戌月乾燥，要一點水；庚金於戌是衰位，要庚金砍甲引丁，幫暖身，但戌月是燥土，也要有點點水；最好透戊不透己，因戊土不怕癸水，能合化，又生財，變成水氣能保甲木。

或見一二比肩，無庚金制之，平常人也。倘運不得用，貧無立錐。

木太多無庚金剪裁，是平常人；甲木太多無庚金砍，少時讀書不成，而木主禮，但木太多會為無禮。

一命：甲辰、甲戌、甲辰、甲戌，身伴君主，富貴壽考，此為天元一氣，又名一財一用。遇比用財，專取季土。或見庚丙甲，可許入泮，白手成家。

用火者木妻火子，子肖妻賢。

時柱	日柱	月柱	年柱
甲戌	甲辰	甲戌	甲辰

大運

辛巳	庚辰	己卯	戊寅	丁丑	丙子	乙亥

此命天干為全甲木，又稱「天干全甲」或「天元一氣」。地支月支沖年支及日支沖時支，成天元純一氣，地元純一土。得以「火」通天地之尅，此火藏於戌土，命行木火為得用，故為壽，身伴君王，乃因天地一元氣。

或四柱木多，用丙用丁，皆不足異，用庚金為妙。凡四季甲木，總不外

乎庚金。譬如木為犁，能疏季土，非庚為犁嘴，安能疏土。雖用丙丁，癸庚決不可少也。

如四柱木多，只有丙丁力量不夠，要兼用庚金砍甲。四季甲木皆要用庚金或用水火調候；以木疏土，但亦要用庚金，另要一點水令土容易疏通。

九月卻不取土妻金子，當取水妻木子。

因九月戌土為燥土，不用金，要用木。

凡甲木，多見戊己，定作棄命從財而看，從財格，取火

妻土子。

如甲木命土太多，則是從財格，用神為土，因此火為妻。

或見一派丙丁傷金，不過假道斯文。有癸破了丙丁，技藝之流。

庚金是七殺，如太多火傷庚金，即無人管但又存在，即叫假斯文。如用癸破丙丁，則不能讀書，為異路功名。

無壬癸破火，支又成火局，乃為枯朽之木，有庚亦何能為力，定作孤貧下賤之輩，男女一理。

於戌月無水扶身，加火局，只得庚金砍木，一是殘疾或僧道，又或孤貧下賤。

或有假傷官，得地逢生，此正合「甲乙秋生貴玄武」之說。用水制傷官者，以金為妻水為子。

假傷官即有火，假從格，如甲木得地有水，便是「甲乙秋生貴玄武」，即有戌土也不枯；要以水為用神。

或丁戌俱多，總不見水，又為「傷官生財格」，亦可雲富貴，此格取火為妻、土為子。

丁戊多即火重，火土同旺，但一定要己土幫手，因有一點水；此為從兒格，如從兒格生小朋友更好。

凡甲多庚透，大貴。庚藏小貴。

戌月甲多，天干多過一個甲木通根，有庚金不需制，砍木生火；如庚藏不透，只小貴因官不透，不能做大官。

若柱中多庚，則又以丁為奇，富貴人也。

此處庚金太多指地支成金局，因有申或酉已成會局，要以丁火制殺；如地支有亥水最好。

如庚申、丙戌、甲申、壬申，主功名顯達，有文學。若無庚丙年月，又無火星出幹，雖日好學，終困名揚。

命例如下：

時柱	日柱	月柱	年柱
壬申	甲申	丙戌	庚申

大運

癸巳	壬辰	辛卯	庚寅	己丑	戊子	丁亥

甲木生於秋之季月，本為寒氣當令，以暖身為主，故丙火不能缺。又因秋木要金之剪裁，當以丙庚為用，丙為動力，為人陽光朝氣，庚為官場顯達，故主功名及文學。因丙火為朝氣調候之首要。

九月甲木，雖用丁癸，見戊透必貴。如戊戌、壬戌、甲子、甲申，支成

時柱	日柱	月柱	年柱
甲申	甲子	壬戌	戊戌

大運

己巳	戊辰	丁卯	丙寅	乙丑	甲子	癸亥

水局，干有壬水，正合貴玄武之說，配得中和，一榜之命，家計豐足。但庚丁未透出幹，不能館選。

九月甲木要有水氣，亦要燒甲木，但要見庚金，如見戊則貴；如庚丁不透干，便不能狀元榜眼。

甲乙比肩，又逢比劫運，主弟兄劫

財爭訟，刑妻損子。甲乙生正二月，無制無洩，主長髮師姑。

甲木生戌月，即財，而木多則財弱，要用庚金，但比劫無制，用神不得用。庚金為子，戊土為妻，比劫奪財；甲生於卯月，無庚金，又無戊土，是貧命，無水是和尚，有水是道士。

甲木篇——冬季

三冬甲木

十月甲木：

庚丁為要，丙火次之。忌壬水泛身，需戊土制之。

冬季為「亥」月、「子」月及「丑」月，十月要近身之火，即丁火；地支亥藏壬甲，如多壬水要戊土制；如有水出現則要見丁戊庚。

若庚丁兩透，又加戊出干，名曰「去濁留清」，富貴之極。即乏丁火，稍有富貴。

如有齊「丁戊庚」並透干為極富，例子如上：

時柱	日柱	月柱	年柱
戊 辰	甲 ○	丁 亥	庚 ○

大運

壬 午	辛 巳	庚 辰	己 卯	戊 寅	丁 丑	丙 子

但如無丁，在寒冷的情況下要暖身，低一個格局，只有富貴；如庚金為用神，有戊土生，戊土有丁火生；戊土

是財，又是妻，因此妻富有，生子也富有。

或甲多制戊，庚金無根，平常人也。

甲木太多，庚金砍不到木，甲木又制戊土，不能生庚金，官貴不高；甲木多自負。

庚戊若透，雖出比劫，必定富而壽。

即不見丁火，但要藏地支，不藏不會富，是辛勞之命；木多，又木主長壽。

或多比劫，只一庚出幹，坐祿逢生，乃為舍丁從庚，略

時柱	日柱	月柱	年柱
戊/己	甲	丁	庚
辰/巳	〇	亥	申

大運

壬午	辛巳	庚辰	己卯	戊寅	丁丑	丙子

富貴。或支見申亥，戊己得所，以救庚丁，可許科甲。若單己透，其力弱小，不過貢監而已。

庚金坐祿位，即庚申，命例如上：

地支水强，有戊制水，令庚有救，即用神，官殺行官貴。

時柱	日柱	月柱	年柱
○	甲	己	丙/辛
○	○	亥	○

時柱	日柱	月柱	年柱
○	甲	乙	己
○	○	亥	○

大運

戊辰	己巳	庚午	辛未	壬申	癸酉	甲戌

如得己透，無庚丁，如月柱是己亥，年干丙或辛，則巽路功命為貢監；如己在年干，則乙亥月柱。

十一月甲木：

木性生寒，丁先庚後，丙火佐之。癸水司權，為火金之

病。庚丁兩透，支見巳寅，科甲有准。風水不及，選拔有之。若癸傷丁，無戊己補救，殘疾之人。

或壬水重出，丁火全無者，庸人也，得丙方妙。或支成水局，加以壬透，名為「水泛木浮」，死無棺木。

十一月甲木，要丁火及庚金，如有癸水透天干，便要戊己制水，如無便殘疾，如小兒麻痺；如壬水多要見丙火，這為異路功名。

如壬水出要見丙火，癸水出要見丁火及戊土；如支成水局又壬透天干，便是客死異鄉。

總之十一月甲木為寒枝，不比春木清茂，取庚丁，透壬無丙，不過刀筆異途，武職有驗。用庚，土妻金子。用火，木妻火子。

十一月甲木是凍之枯枝，要有火暖，有庚金砍取火，有太陽火幫手更好。如有壬透天干，水重要見丙火，如不見丙火而見庚丁，丁被壬困，阻礙發展，不能讀書，異路功名，以武為主。以庚金為用神，金為子女，土為妻子。以火為用神，則火為子女，木為妻子。

十二月甲木：

天氣寒凍，木性極寒，無發生之象，先用庚劈甲，方引丁火，始得木火有通明之象。故丁次之。庚丁兩透，科甲封恩。庚透丁藏，小貴。丁透庚藏，小富貴。無庚者貧賤，無丁者寒儒。

丑月之甲木，要以庚砍甲引丁火自救；以火制寒，真正救寒要用地支之火，因寒是陰；有庚便有貴，無論透與藏，丁藏沒有富，因丁為名氣，有名氣看見，有名氣有財；如只有丁無庚，有小富無貴；有庚無丁，得寒儒，不能得功名。

或有丁透重重，亦是富貴中人，但須比肩，能發丁之焰，自有德業才能。如無比肩，尋常之士，稍有衣食而已。或支多見水，即有比肩，亦屬平常。

重重者為兩個或以上之丁，會富貴，但一個甲木不夠，要兩甲兩丁才好，有名氣而得財；如支多見水要見戊土，如無即平常。

總之，臘月甲木，雖有庚金，丁不可少，乏庚略可，乏丁無用。經云：甲木無根，男女夭壽。

甲木無庚，即無丁火制寒水及庚金，又火土同旺，土為財，有賺錢能力。

乙木篇 — 春季

三春乙木：

三春乙木，為芝蘭篙草之物，丙癸不可離也。春乙見丙，卉木向陽，萬象回春，須癸滋養根基。丙癸齊透天干，無化合克制，自然登科及第。故書曰：乙木根若種得深，只須陽地不宜陰。漂浮只怕多逢水，克制何須苦用金。

春天最重要用丙火以解凍，癸水滋潤；到卯月乙木之長生十二宮為臨官，又在木方位，木氣重，要滋養，因要以陽帶陰，以陰養陽。

正月乙木：

必須用丙。因為天氣尤有寒，非丙不暖。雖有癸水，恐凝寒氣，故以丙火為先，癸水次之。丙癸兩透，科甲定然。或有丙無癸，門戶闡揚。或有丙多乏癸，名曰「旱春」，獨陽不長，濁富之人。

如只得丙而無癸，無陰陽互制，為濁富。雖要丙癸，但最好不要見以下天干組合，丙癸為相鄰：

時干	日干	月干	年干	
○	乙	丙	癸	第一組
○	乙	癸	丙	第二組
丙	乙	癸	○	第三組
癸	乙	丙	○	第四組

第一組及第二組為丙癸相鄰，第三組及第四組比較好，而第四組的晚運比第三組的好。

或丙少癸多，又為困丙，終為寒土。或癸己多見，為溼土之木，皆下格。用丙火者，木妻火子。用癸水見多火者，金妻水子。

己土是濕土，爛泥，附在乙木上再加

水，結在一起，是下格，因乙木要向陽。如丙為用神，則火為子女，木為妻子；如以癸水為用神，則水為子女，金為妻子。

二月乙木：

陽氣漸升，木不寒矣，以丙為君、癸為臣。丙癸兩透，不透庚金，大富大貴。

以丙火為陽帶陰，如無甲木貼身，不能透庚金。如丙及癸於天干而沒有庚金，命例如下：

時柱	日柱	月柱	年柱
癸 未	乙 〇	辛 卯	丙 〇

大運

戊 戌	丁 酉	丙 申	乙 未	甲 午	癸 巳	壬 辰

時柱	日柱	月柱	年柱
丙 子/戌	乙 〇	乙 卯	癸 〇

大運

戊 申	己 酉	庚 戌	辛 亥	壬 子	癸 丑	甲 寅

或天干透庚，支下無辰，不能化金。得癸透養木亦貴。

若見水庫，則為假化，平常人也。

此處卯月之乙木，時干為庚，其支必為辰，因此這例子是年干為庚，而隔柱不能合化，因此乙木於二月要以癸水作滋養。如若天干有庚金而見水庫，即「辰」，乃要時柱為「庚辰」，此為假化，只是平常人。但如地支有六合或三合或三會，不用理月提亦能化金。其他合化做其有之特性，如丁壬除了合木，也能合化為火或水，而陰日主較易合化。

二月乙木，用丙癸，或支成木局，有癸透乃作貴命。更得丙泄木氣，上上之命。但須透癸，或水多困丙，多戊化癸，

皆下格。用丙者，木妻火子。用水者，金妻水子。

二月乙木，丙或癸其中一個被困皆為下格。如用神為丙，則火是子女，木為妻子；如用癸水為用神，則水為子女，金為妻子。

亥卯未逢於甲乙，富貴無疑。木全寅卯辰方，功名有准。

活木忌埋根之鐵，支下有庚辛，伐賊其根，木則朽矣。

如果木通根，根不夠強會被庚金剋，傷木。

三月乙木：

陽氣愈熾，先癸後丙。癸丙雙透，不見己庚，玉堂之客。見己庚者，平常之人。或一乙逢庚，不見己者，亦主小富貴，但不顯達。或多見水見己，只恐高才不第。見戊堪發異途。或庚己混雜，丙癸全，則為下格。

三月天氣開始熱，以癸水為主。見庚會合，能富，因合庚變金，陰合陽會變陽，但此處不能見己土，因土生金，又有水生乙木，氣不順。如在特別格局見庚金，乙庚合金，為小富貴，有戊土出會異路功名。

或見水局，丙戊高透，亦主科甲。

乙木要用丙火，為向陽及生戊土；見水局即申子辰，有戊土制水。

或柱中全無丙戊，支合水局，此離鄉之命。

如局中無丙又無戊，而地支有水局，則水多木漂，為遠走他鄉。

或見一派癸水，又有辛金，則作旺看，得一戊己制癸，亦可云小富貴。

此為水太多，比金還要多，要制水才能有富貴。

若一派壬癸，不持貧賤，而且夭折。有一戊己，方雲有壽，但終為技術之人。

無制壬癸，只有生無洩，水氾木浮，大運順逆行亦不好。如有戊己土制水，不會夭折，但不會富。這要與上面提及的「或多見水見己，只恐高才不第。見戊堪發異途。」夾在一起看。

又或庚辰時月，名「二庚爭合」，乃貧賤之輩。如年見丁

破庚，可雲從化，亦不失武職之權。

時柱	日柱	月柱	年柱
庚辰	乙〇	庚辰	乙/庚〇

大運

丁亥	丙戌	乙酉	甲申	癸未	壬午	辛巳

此命為爭合，為貧賤，根據《滴天髓》爭合分先後，為年月先後，日時先後，此例子為鴛鴦爭合，會產生悲。如有丁制庚金，時柱會先合及化。

用癸者，金妻水子。癸多用丙者，木妻火子。

以癸水為用神，以水為子女，金為妻子；如癸水太多而以丙為用神，則火為子女，木為妻子。能生子女星者，為妻子，所以在這書中，凡生用神之五行皆為妻星，但要有陰陽相對之局面。以乙木日主為例，如癸水為用神，庚金才是妻星，在十神中，庚金本為乙木之官，這只能代表管，不能代表官星，只能說他們恩愛非常，妻子凡事管束。如日主為甲木時，用神為癸水，那辛金才是妻星，在十神中，這官星也代表管，但辛金不能傷甲木，只能代表錦上添花，是以十神理論中缺少之地方。

乙木篇 — 夏季

三夏乙木

木性枯焦，四月專尚癸水，五六月先丙後癸。夏至前仍用癸水。

巳月要用癸水，因太熱；夏至後要用丙，因一陰長。

先得丙透，支下又有丙火，名曰「木秀火明」，得一癸透，科甲中人。或透二丙一癸，可許采芹。

二丙一癸，即有一丙癸相鄰。采芹為量地官。

或一派癸水，有丁無丙，平常之人。或一癸透干，異途顯宦，難由科甲。癸居子辰，異途小職。

如只有地支有癸水又無丙火，只為平常人。

時柱	日柱	月柱	年柱
戊/辛	乙	己	癸
寅/巳	○	未	○

大運

壬子	癸丑	甲寅	乙卯	丙辰	丁巳	戊午

或丙藏支下，癸透年干，己出月上，雖非科甲，異路功名。

先丙後癸，丙藏異路功名。命例如上：

此命之丙藏於時支「巳」或「寅」，皆為異路功名。

又或重重癸水，或支藏癸水，由行伍得功名。

夏天有癸水也可，得周圍走。

四月乙木：

自有丙火，取癸水為尊，四月乙木專癸水，丙火酌用。雖以庚辛佐癸，須以辛透為清。

時柱	日柱	月柱	年柱
○ ○	乙 巳	辛 巳	乙/庚 ○

巳月乙木，巳藏丙戊庚，有丙火，因此用癸水。以庚辛為喜神，透辛為好，因辛金生癸水，又丙辛化水。

癸透，庚辛又透，科甲定然。

水旺，金者為官貴，能考試。

獨一點癸水，無金，是水無根，雖出天干，不過秀才小富，要大運相扶。或土多困癸，貧賤之人。丙戊太多，支成火局，瞽目之流。用癸者，金妻水子。

如只得一癸透，無根又無金生，小富。如有大運相扶即多癸多金，即有大財。但如土多困癸，困用神，即貧賤。火重又有戊傷癸，會盲。以癸水為用神，以水為子女，金為妻子。

乙逢雙女木傷殘，若見辛金壽必難。不得丙丁來制伏，豈知安樂不久長。

雙女即巳，巳藏丙戊庚，庚金藏支砍乙木之根。如見辛金會是陰剋陰，不好。

五月乙木：

丁火司權，禾稼俱旱。上半月屬陽，仍用癸水，下半月屬陰，三伏生寒，丙癸齊用。柱多金水，丙火為先，餘皆用

癸水為先。

「午」月人元司令有「丙、己、丁」，上半月以「丙」為主，因此只用癸水便足夠。而下半月為「丁」，因此要齊用丙及癸。

乙木重逢火位，名為「氣散之文」，支成火局，泄乙精神，須用癸滋，癸透有根，富貴雙全。

乙生火，陰要養，不要洩。癸透有根，即要見亥、子、申。

或庚辛年上，癸透時幹，定許科甲。無癸者常人。

庚年或辛年，命例如下：

年柱	月柱	日柱	時柱
庚○	壬午	乙○	癸未

大運

癸未	甲申	乙酉	丙戌	丁亥	戊子	己丑

年柱	月柱	日柱	時柱
辛○	甲午	乙○	癸未

大運

癸巳	壬辰	辛卯	庚寅	己丑	戊子	丁亥

第一例子是癸見壬，即思想混亂，腦有事。第二個例子之乙為甲之特性，因此有科甲。

若見丙透，支成火局，陽焦木性，此人殘疾。無癸必夭，

見王可解。或火土太多，此人愚賤，或為僧道門下閒人。

命為僧道，要支成火局，另外要土多，即天干有己土或地支有未戌土，此為貪僧；如有濕土及己透天干，則為主持或聖僧；又如天干有戊土，地支無濕土，閒人；天干有戊土，地支有濕土，為貪僧；天干有己土，癸水，為道；天干有己土，地支藏癸水，道門弟子；天干有庚或辛，是道門，但要行辰丑土運。

六月乙木：

木性且寒，柱多金水，丙火為尊。支成水局，乙得無傷，癸水透幹，大富大貴。無癸定作常人，運不行北，困苦一生。

乙木要癸水，六月要丙火。支成水局，即不透壬水。

凡五六月乙木，氣退枯焦，用癸水切忌戊己雜亂，則為下格。或甲木高透，制伏土神，名為「去濁留清」，可許俊秀。土多乏甲，秀氣脱空，庸人而已。

用癸水不能見戊土，因戊癸合，而己土則濁癸水；如己未土多，用神甲木，為子，癸水為妻，戊土為財，制住妻，又制住印，不能讀書，為庸人。

或丙癸兩透，加以甲透出制戊，選拔定然。若不見丙癸，只有丁火，亦屬常人。有壬，可充衣食。

此戊土為地支之戊土，甲於天干制戊。若無丙癸，只有丁火，不太好，但如有壬則丁壬合，會較好，但切記丁只能在年柱，不能於乙木旁，因乙木會被燒。乙木見丁火藏支無事。

或柱中無水，又無比劫出幹，乃為棄命從財，富大貴小，能招賢德之妻。從財格，以火為妻，土為子。

如局中無水，只得火和土，是從財格，火又為食傷，即以辛勞表演為賺錢之能力。雖乙木怕被洩，但於未月是可以行從財。

或一派戊土出幹，亦見比肩，名為「財多身弱」，終為富屋貧人。

此命不能從財，只能為富屋貧人。

或丙辛化水，嫖賭破家，終非承受之兒。

六月乙木本以丙火為用，但遇辛金則合化。如丙火為用神，則為子，乙木為妻，又癸水生乙木為最好；辛金出現，本為剋乙木及生癸水，但因合了用神，則表示無了管束。

或一派乙木，不見丙癸，名為「亂臣無主」，勞碌奔波。

又加支多辛金，僧道之輩。

「亂臣無主」，即無用神，即為生活而忙碌。如金出則為僧道。

或一派甲木，無丙無癸，又無庚金，此人一生虛浮，總不誠實。有庚制甲，乃有謀之人，但嗜酒貪花，多愁敗德，不修品行，男女一理。

時柱	日柱	月柱	年柱
甲申	乙〇	辛未	甲〇

大運

戊子	丁亥	丙戌	乙酉	甲申	癸未	壬午

乙木走甲木特性，如無庚金便無用神，又不是假專。甲木無根，雖地支藏有壬水，但要有天干有水才行，因此流年或大運可能會使甲木有根；因甲木無根，此為不誠實。丁火用神，怕壬水，庚金能否生壬水要看流年大運；而地支有丁壬暗合，知識損害自己之能力。

總之夏月乙木，用癸水，丙火酌用，庚金次之。

乙木篇——秋季

三秋乙木：

金神司令，先丙後癸，惟九月用癸水，恐丙暖戊土為病也。

秋天為金地，要先用丙火再用癸水，唯獨九月只用癸水為主，因九月為「戌」月，已藏丙火，如過多則為病。

七月乙木：

庚金秉令，庚雖輸情于乙妹，怎奈幹乙難合支金。柱見

庚多，乙難受載。或丙透幹，又加己出埋金，此格可雲科甲。

有己透，加丙，亦是上命。

七月為「申」月，藏有天干庚戊壬，有指天干能合地支之金，但此處已說明不能。

如有丙己透干而上命，有以下命例：

時柱	日柱	月柱	年柱
己卯	乙〇	丙申	丙〇

大運

癸卯	壬寅	辛丑	庚子	己亥	戊戌	丁酉

時柱	日柱	月柱	年柱
丙子/戌	乙〇	壬申	己〇

大運

乙丑	丙寅	丁卯	戊辰	己巳	庚午	辛未

七月喜己土為用，或不見丙癸，己土決不可少，此則火為妻、土為子。

七月金重，要以食傷制殺，即要用火。但木於秋天已經弱，最好用己土，重土埋金，此己土為天干之己土。以土為用神，則土為子女，火為妻子。

或癸透、丙藏、庚少，此不用己，可許拔貢。

此命例可看以下，因庚金不多，不用己土埋金。

無丙、有癸透者，不失刀筆門戶。有支下庚多，癸又藏者，無丙己二神，平常人物。

年柱	月柱	日柱	時柱
○ 巳/寅	○ 申	乙 ○/巳	癸 未

如只得癸而無丙，只為寒儒一名。承上，如地支庚金多，癸水不透，只藏地支，又無丙及己，為窮苦大眾，因無丙暖身，庚多無己土制。

或生辰時，此為從化，反主富貴。凡化合格，皆以所生之神為用。化金者，戊土為用神，特忌丙丁鍛煉破格。從化者以火為妻、土為子。其餘以金為妻，妻必賢美；以水為子，子必克肖。但忌刑沖，凡命皆然，不特此也。

生於辰時，又能從化，可見以下命例：

時柱	日柱	月柱	年柱
庚辰	乙酉	○申	○○

此命乙庚能合化金，以土為用神，不忌地支火，但忌天干火。

秋木逢金，非貧則夭。秋生乙木忌根枯，根既枯槁，貧苦到老。

五行木於秋天，木為極弱，不宜再見金。秋天之乙木，如無滋養，便一生貧苦。

八月乙木：

芝蘭禾稼均退，以丹桂為乙木。在白露

之後，桂蕊未開，用癸水，以滋桂萼。若秋分後，桂花已開，卻喜向陽，又宜用丙，癸水次之，丙癸兩透，科甲名臣。

八月為「酉」月，節氣由白露開始，到秋分前用癸水，酉月秋分後則用丙火。如有丙又有癸，則科甲為官。

或支成金局，宜暗藏丁，無丁制金，恐木被金傷。若無水火，此人勞碌。

或得癸水，為子得母，其人一生豐盈。

要丁火制金局；要水生木，要火制金，此為水火相鬥；

如只得癸水，癸水為用神，生木，為子得母。

或丙癸兩透，戊土雜出，亦主異路功名。

如戊土出會合癸水，會剋金，為異路功名。

生秋分後，有丙無癸，亦略富貴。若有癸無丙，名利虛花。

秋分後，日光時間開始短，因而先丙後癸。名利虛花，因身體太寒。

若四柱不見丙癸，下格。

或癸在年月干，丙透時幹干，名為「木火文星」，定主上達。生於秋分後方佳。

年柱	月柱	日柱	時柱
癸	辛	乙	丙
〇	酉	〇	子/戌

大運

庚申	己未	戊午	丁巳	丙辰	乙卯	甲寅

或生上半月無癸，姑用壬水，不然，枯木無用，必作貧人。又四柱多見戊己，下格。

秋分前為上半月，以癸水為先，無癸用壬；下半月為秋分後，用丙火。四柱多戊及己，又不能從格，為下格。

用癸者，金妻水子。用丙者，木妻火子。用壬者，金妻水子。

甲乙逢強金，魂歸西土。青龍逢兑旺，且賤且貧。乙木生居酉，莫逢巳酉丑，富貴坎離宮，貧窮申酉守。木逢金旺已傷，再遇金鄉，豈不損壽。

金強下之木，行西方金地，為貧賤。乙木行金地要見癸水丙火。

時柱	日柱	月柱	年柱
甲申	乙〇	〇戌	〇〇

九月乙木：

根枯葉落，必須癸水滋養。如是甲申時，名為「藤蘿系甲」，可秋可冬。

此命甲木鄰近乙木，名為「藤蘿系甲」，即以甲木日主來看此命。

若見癸水，又遇辛金發水源，定主科甲。或有癸無辛，常人。有辛無癸，貧賤。

見癸水又見辛金，科甲之命的例子如下：

時柱	日柱	月柱	年柱
辛巳	乙〇	戊戌	癸〇

大運

辛卯	壬辰	癸巳	甲午	乙未	丙申	丁酉

時柱	日柱	月柱	年柱
癸未	乙〇	壬戌	辛〇

大運

乙卯	丙辰	丁巳	戊午	己未	庚申	辛酉

上面的命例戊癸化火，下面的命例較好，有辛金生癸水。

或四柱壬多，水難生乙，亦是尋常之輩。

即水多金多，水多氾木；又過寒，悲觀；無用神「丙」（為異路功名），又無癸水及辛金，常人。

或支多戊土，又透天干，作從財看，無比劫方妙。一逢比劫，富屋貧人。

用癸者，金妻水子，但子女艱難，季土克制故也。

戊月戊土多，從財格。如見比劫便不能從財。

乙木篇 — 冬季

十月乙木：

木不受氣，而壬水司令，取丙為用，戊土為次。

亥月冷，用丙火也用戊土制水。

丙戊兩透，科甲定然。有丙無戊，雖不科甲，亦入儒林。

支多丙火，運入火鄉，主顯達。

命例有以下兩個可能：

時柱	日柱	月柱	年柱
戊	乙	己	丙
寅	○	亥	○

大運

丙午	乙巳	甲辰	癸卯	壬寅	辛丑	庚子

時柱	日柱	月柱	年柱
丙	乙	癸	戊
子/戌	○	亥	○

大運

庚午	己巳	戊辰	丁卯	丙寅	乙丑	甲子

有丙無戊也能讀書。如大運行火地會好，亥卯未木局不怕火洩。

或水多無戊，乙性漂浮，流蕩之徒。若不見丙己，妻子難全。

亥月水多應用戊土制水，但無戊土則用己土，因此己土為用神時則為子，戊土為女，因陰陽不同。這是有女兒之命而且此命的女兒能幹，而丙火則為妻。但如無丙己，則無子無妻。

或一點壬水，即多見戊土，亦為不妙，得甲制戊，可許能幹。但為人好生禍亂，構訟爭非，男女一理。

壬水於亥月為寒水，浸乙木，因此壬水最好不透，如多而透則戊土也制不了。如有丙火，將壬水變做湖泊，不會浸乙木，此命好得多。

支成木局，時值小陽，此又如春木同旺，若有癸出，須取戊為尊，加以丙透，科甲之人。若無丙戊二字，自成自敗，終非承受之輩。

支成木局即亥卯未，小陽即「巳」，即時支為巳（時柱為辛巳）；如有癸則要戊制，要以丙透暖身。如無丙戊，此人說話多。

十一月乙木：

花木寒凍，一陽來複。喜用丙火解凍，則花木有向陽之意，不宜用癸，以凍花木，故用丙火。

十一月陰氣盡而陽氣生，用丙火解凍，不能用丁火，如無丙而要用丁時，丁火要有根，即坐木位。

有一二點丙火出干，無癸制者，可許科甲。即丙藏支內，亦有選拔封恩。得此不貴，必因風水薄。

有丙透而無癸制便好，如丙藏地支也可，但不貴。

或壬癸出干，有戊制，可作能人。即丙在支內，亦是俊秀。若壬透無戊，貧賤之人。

天干有壬又有癸水，又有戊土制水，命例如下：

時柱	日柱	月柱	年柱
壬/癸	乙	戊	乙/庚
午/未	〇	子	〇

時柱	日柱	月柱	年柱
戊	乙	壬	壬
寅	〇	子	〇

大運

己	戊	丁	丙	乙	甲	癸
未	午	巳	辰	卯	寅	丑

能人者為技工；如壬透無制，此人四處漂泊，易信旁人。

支成水局，干透壬癸，丙丁全無，雖有戊制，貧乏到老，運至南方稍有衣食。

丁火有亦如無，丁乃燈燭之火，豈能解嚴寒之凍。設無丙丁，戊己多見，金水奔流，下賤。或有戊己無火，亦屬常人，但不至下賤。

地支有申子辰或亥子丑水局加壬癸透干，無丙及丁，有戊制水也貧。大運至火地會好些。丁火於子月作用不大；如無丙丁，有戊己及金水，四處走及下賤。

或一派丁火，大奸大詐之徒，如無甲引丁，孤鰥到老。

丁火見甲，必主麟趾振振，芝蘭繞膝。

多個丁火，丁壬合木，而丁火又不是真用神，因此合出來的是易散的，易滅的，為生存因而此命丁火搖風擺柳，此人大奸大詐。如有甲而籐羅系甲，就會生很多子孫，因甲木要丁火。

或成水局，壬癸兩逢，則木浮矣。不特貧賤，而且夭折。得一戊救方可。

此為水氾木浮，命危；得戊制水為常人。

冬月乙木，雖取戊制水，不可作用，取丙火則可。用火者，木妻火子。用土者，火妻土子。

冬季之乙木，如水多要用戊土制水，如不能則要以丙火暖生。

乙木生於冬至之後，坐下木局，得丙透干者，富貴之造；

即丁出干，亦有衣祿，須忌癸制丁。乙木生於冬月，己土透干，又有丙透，大富大貴之造。

冬至後為一陽生，有少許土氣；乙木生於冬月，己土及丙火透，大機會從格。

十二月乙木：

木寒宜丙，有寒谷回春之象。得一丙透，無癸出破格，不特科甲，定主名臣顯宦。丙火藏支，食氣而已。干支無丙，一介寒儒。

由十到十二月，要見丙透，如水多要見戊土。

或四柱多己，不逢比劫，乃作從財，富比王侯。若有比劫，貧無立錐。

如己土多沒有比劫則從財格，有錢但吝嗇，因天氣凍及悲觀；有比劫不入格為貧。從財又富貴命如上：

時柱	日柱	月柱	年柱
丙戌	乙〇	己丑	乙〇

大運

戊子	丁亥	丙戌	乙酉	甲申	癸未	壬午

如年支及日支為「丑」，為富比王侯，命會更好。

或一派戊己，見甲頗有衣祿，以丙火為用方妙。

如命局很多是戊己土，又不能從財，則要見甲木，以破土，並以丙火解寒象。

總結：

《窮通寶鑑》的木篇就此作結，在近三十年來的八字風氣，一般以「十神」為用，此書提出另一個角度，以寒熱燥濕、生扶洩剋、四時季節為用，所以當中有互相衝突存在。如果我們用二元論的方向看待這兩種不同的角度，我們可以得出此兩個角度所得生的生剋制化，會使人生的高低有所區別。簡單舉例，如果你的用神是「火」，而十神的「火」為你的財星，當行火運時，你會得財又得子，此為雙喜臨門。又如你的用神為「水」，十神中「水」為你的印星，當行水運時，只能代表你學業或思想上有所成就，不能達致財多及兒孫昌盛，只能說「有子萬事足」，或代表官場得意，麟兒誕生，但當然要看全命局才能仔細判斷，但如此命行火地，只能說工作忙碌，睡眠不足；如流年幫助能得一子，亦是艱辛歲月之開始。

希望各位看完此兩章命理展述後，能多加參巧。而下一本是分析「丙、丁、戊、己」，因命理為火土同旺，敬希留意及支持。

道天論 • 窮通寶鑑基礎及應用（一）

孔麒淦著

作者
孔麒淦

美術總監
莫道文

美術設計
黃景峯

出版者
資本文化有限公司
地址：香港中環康樂廣場1號怡和大廈24樓2418室
電話：(852) 28507799
電郵：info@capital-culture.com
網址：www.capital-culture.com

承印者
資本財經印刷有限公司

出版日期
二〇一九年六月第一次印刷

ISBN 978-988-79156-5-2
Published in Hong Kong